AF547051

Knoblauch Kochbuch

Die leckersten Knoblauch Rezepte für jeden Anlass und Geschmack

Marieke van Deest

Email: info@edition-lunerion.de
www.edition-lunerion.de

Psiana eCom UG

Berumer Str. 44

26844 Jemgum

Vorwort

Echte Knoblauch-Fans wissen: Knoblauch lässt sich durch nichts ersetzen als durch Knoblauch. Ob Knoblauchkartoffeln, Aioli, Knoblauchsuppe oder der berühmte Klassiker Spaghetti Aglio e Olio – bei diesen heißgeliebten Knobi-Hits ist die Knolle unverzichtbar, aber dabei kann sie noch so viel mehr. Deswegen präsentiert dieses Rezeptbuch Ihnen eine Sammlung an unterschiedlichsten Gerichten, die ganz auf die Geschmacks-Power der Knoblauchzehe setzen!

Mal scharf und frisch, mal als dezente Aromanote und mal die volle Ladung Würzigkeit – die kleinen Knollen sind unverwechselbar im Geschmack und hauchen zahlreichen Gerichten erst ihren einzigartigen Pfiff ein. Dazu sind Sie so richtig gesund und gehen dank antibakterieller und antioxidativer Wirkung, blutdrucksenkender Eigenschaft und jeder Menge Nährstoffe als wahres Superfood durch. Grund genug, die Geschmacksbombe noch viel öfter auf den Tisch zu bringen und das geht wunderbar abwechslungsreich. Ob würziger Aufstrich, raffinierte Suppen, begehrte Party-Snacks oder herrlich aromatische Hauptgerichte, die unauffällige Knolle macht stets eine Top-Figur und birgt daneben noch die eine oder andere Überraschung – probieren Sie Knoblauch doch mal im Frühstück oder in Getränken!

Guten Appetit!

INHALT

Wissenswertes

Knoblauch begegnet uns immer im Alltag. Besonders bei unseren Gerichten, die wir meist täglich zubereiten, wird oft Knoblauch als Gewürz benutzt. Dabei hat Knoblauch allein nur vier Kalorien! Das ist echt nicht viel. Sie sollten allerdings im Rahmen einer Diät nicht ausschließlich Knoblauch essen!

Knoblauch gibt es schon sehr lange auf diesem Planeten. Dabei handelt es sich um eine Pflanzenart, die mit dem Lauch verwandt ist. Zur Familie des Knoblauches gibt es nicht nur einige Arten, es gibt stolze 300 Knoblaucharten weltweit, die sich im Aussehen und Geschmack voneinander unterscheiden! Schon im alten Mittelalter gab es Knoblauch und er war damals schon sehr beliebt. Vor allem in Klöstern war er für Heilungszwecke von großer Bedeutung. Im Laufe der Jahrhunderte wurde dem Knoblauch auch ein Abwehrfaktor zugesprochen, der den Besitzer beschützt, wenn er ihn verzehrt oder gar um den Hals trägt. Der Aberglaube mit dem Schutz vor Vampiren ist dabei am bekanntesten. Doch auch in der Türkei und anderen Ländern im Nahen Osten dient er als Abwehr vor „unangenehmen Blicken böser Menschen".

Man sieht also, der Knoblauch hat schon eine lange Reise hinter sich in der Geschichte der Menschheit. Um das noch einmal in Zahlen auszudrücken, es wird vermutet, der Knoblauch findet schon seit ungefähr 4000 vor Christus seine Anwendung bei uns Menschen.

TIPPS FÜR IHREN EINKAUF

Nun, da wir die Herkunft und einige Fakten geklärt haben, kommen wir vor der Vielzahl der Rezepte, die dieses Kochbuch beinhaltet, zum Einkauf von Knoblauch und worauf man dabei achten sollte, um einen gesunden Knoblauch zu kaufen, der auch schmeckt!

Es gibt einige Kriterien, auf die man achten kann, wenn man Knoblauch im Supermarkt kaufen möchte:

Am offensichtlichsten ist hierbei das Aussehen. Denn auch wie wir Menschen kann der Knoblauch einen „Sonnenbrand" bekommen. Dies würde dazu führen, dass die Knolle hellbraun wird und sehr klebrig, was die Zubereitung erschwert und den Geschmack verschlechtert. Neben dem „Sonnenbrand" kann man auch erkennen, ob die Schale der Knolle, die sogenannte „Zehenhaut", beschädigt ist. Sie agiert wie die Schale eines Apfels oder einer Gurke. Sie schützt die eigentlichen Zehen vor Außeneinwirkungen. Das heißt auch hier, dass wenn diese bereits beschädigt ist, kann es sein, dass die Zehen darunter bereits anfangen schlecht zu werden.

Des Weiteren gibt es zudem die Druckprobe, die man auch sonst bei Obst und Gemüse macht. Das heißt auch hier, die Knolle sollte keine weichen Stellen oder Schimmel besitzen. Letzteres erklärt sich natürlich von selbst. Aber auch weiche Stellen deuten darauf hin, dass diese Knolle vielleicht schon etwas älter ist, was sich auch dann im Geschmack deutlich machen würde.

Ähnlich wie bei Zwiebeln oder Kartoffeln kann auch eine Knoblauchknolle Austriebe bekommen, die sich ebenfalls schlecht auswirken auf den Geschmack und ein Ausschlusskriterium beim Einkauf wären. Zuletzt gibt es vielleicht noch einen Tipp, auf den die meisten nicht achten. Knoblauch wird in drei verschiedene Klassen eingeteilt. Die Stufen II, I und Extra. Bei der Stufe Extra handelt es sich um die qualitativ höchstwertige Ware. Das bedeutet, diese Knoblauchknollen haben am wenigsten Druckstellen oder zeigen andere oberflächliche Mängel auf und sind somit die beste Wahl für Ihren Einkauf.

WARNHINWEIS BEI VERWENDUNG VON EINGELEGTEM KNOBLAUCH

Falls Sie sich entscheiden sollten, für einige dieser Rezepte bereits eingelegten Knoblauch zu verwenden, besonders bei den Rezepten in der Kategorie „Fingerfood & Snacks", achten Sie bitte darauf, dass dieser frisch gekauft ist. Vor allem bei auf Vorrat hergestellten Gläsern, die neben Knoblauchzehen auch Gewürze wie Rosmarin, Oregano enthalten und in Öl eingelegt sind, bilden sich schnell Giftstoffe, die im schlimmsten Fall zu einer Lebensmittelvergiftung führen können! Stellen Sie daher bitte sicher, dass Ihr eingelegter Knoblauch frisch gekauft ist und noch lange haltbar ist! Viel Spaß beim Kochen!

Frühstück

KNOBLAUCH-MUFFINS

8 Port.

40 Min.

Leicht

Zutaten

200 g Mozzarella (gerieben)
30 g Oliven (gehackt)
25 g Tomaten (getrocknet)
3 Knoblauchzehen
3 Stiele Petersilie
1 Rolle Sonntagsbrötchen (oder siehe Grundrezept: Sonntagsbrötchen)
3 EL Butter (geschmolzen)

Nährwerte p. P.

176 kcal
12 g Kohlenhydrate
10 g Fett
9 g Eiweiß

1 Heizen Sie den Backofen auf 190 °C Ober-/Unterhitze vor.

1 Pressen Sie den Knoblauch, hacken Sie die Tomaten, Oliven und die Petersilie. Geben Sie die Zutaten in eine Schüssel und vermengen Sie diese mit der geschmolzenen Butter und dem Mozzarella.

2 Öffnen Sie die Brötchen-Rolle und zerschneiden Sie die Brötchen in vier Teile. Nehmen Sie ein Muffinblech und fetten Sie es mit etwas Butter ein. Fügen Sie die Brötchenstücke zur Buttermischung hinzu und vermengen Sie alles gründlich. Geben Sie in jede Mulde drei Brötchenstücke hinein. Drücken Sie die Brötchenstücke an den Rand der Förmchen.

3 Lassen Sie die Muffins ca. 10 - 15 Minuten im Ofen. Guten Appetit!

PFANNKUCHEN MIT KNOBLAUCH-ZUCCHINI-FÜLLUNG

4 Port.

35 Min.

Mittel

Zutaten

200 g körniger Frischkäse
4 Eier
3 Knoblauchzehen
3 Frühlingszwiebeln
2 Zucchini
2 Tomaten
12 EL Mehl
4 EL Schmand
etwas Parmesan
etwas Milch
Salz, Pfeffer, Basilikum, Rosmarin

Nährwerte p. P.

199 kcal
11 g Kohlenhydrate
11 g Fett
14 g Eiweiß

1 Vermischen Sie die Eier und das Mehl in einer großen Schüssel. Geben Sie so viel Milch hinzu, bis der Teig eine gute Konsistenz hat.

2 Scheiden Sie die Frühlingszwiebeln in dünne Ringe und pressen Sie eine Knoblauchzehe. Rühren Sie beide Zutaten unter den Teig. Würzen Sie mit etwas Salz und Pfeffer. Lassen Sie den Teig 5 - 10 Minuten ruhen.

3 Schneiden Sie die Zucchini in kleine Würfel. Geben Sie etwas Öl in eine Pfanne und braten Sie die Zucchini ein paar Minuten darin an. Streuen Sie etwas Rosmarin über die Zucchini. Nehmen Sie die Zucchini aus der Pfanne.

4 Fangen Sie nun an, die Pfannkuchen zu backen. Bei der Dicke können Sie nach Belieben variieren.

5 Geben Sie den Frischkäse, den Schmand, den Parmesan und die Zucchini in eine Schüssel und vermengen Sie die Zutaten gründlich miteinander. Schneiden Sie die Tomaten in kleine Würfel und pressen Sie den Knoblauch. Rühren Sie die beiden Zutaten ebenfalls unter die Masse. Schmecken Sie die Mischung mit den Gewürzen ab.

6 Sobald die Pfannkuchen fertig sind, können Sie diese auf Teller verteilen und mit der Knoblauch-Zucchini-Füllung befüllen. Guten Appetit!

GEBACKENE EIER MIT SPINAT

4 Port. 30 Min. Mittel

Zutaten

400 g gehackte Tomaten
250 g Spinat (frisch)
4 Eier
3 Knoblauchzehen
½ Zwiebel
2 EL Öl
Salz, Pfeffer

Nährwerte p. P.

372 kcal
19 g Kohlenhydrate
25 g Fett
16 g Eiweiß

1 Heizen Sie den Backofen auf 180 °C Ober-/Unterhitze vor. Erhitzen Sie etwas Öl in einer großen Pfanne.

2 Geben Sie den gepressten Knoblauch und die gehackte Zwiebel in eine Pfanne und braten Sie diese einige Minuten an. Fügen Sie den Spinat hinzu. Wenn dieser etwas eingefallen ist, können Sie die gehackten Tomaten hinzugeben. Lassen Sie es für ca. sechs Minuten köcheln.

3 Geben Sie die Mischung in eine Auflaufform. Schlagen Sie die Eier auf, sodass auf der Oberfläche der Spinatmischung vier Spiegeleier sind. Lassen Sie die Auflaufform für 8 - 10 Minuten im Ofen.

4 Nachdem Sie den Auflauf aus dem Ofen genommen haben, geben Sie etwas Salz und Pfeffer obendrauf. Guten Appetit!

SPINAT-BAGEL MIT SPIEGELEI

4 Port. 20 Min. Mittel

Zutaten

800 g Babyspinat
4 Eier
4 Knoblauchzehen
4 Bagels
2 EL Rapsöl
Salz, Pfeffer, Chiliflocken

Nährwerte p. P.

1134 kcal
41 g Kohlenhydrate
41 g Fett
42 g Eiweiß

1 Erhitzen Sie etwas Öl in einer großen Pfanne. Braten Sie den gepressten Knoblauch darin einige Minuten an. Geben Sie den Babyspinat und die Gewürze hinzu. Geben Sie einen Deckel auf die Pfanne, damit der Spinat besser einfallen kann.

2 Erhitzen Sie etwas Öl in einer kleinen Pfanne und braten Sie darin die Eier zu Spiegeleiern. Würzen Sie mit etwas Salz und Pfeffer.

3 Nehmen Sie den Deckel von der Pfanne und rühren Sie einmal um. Falls der Spinat viel Flüssigkeit verloren hat, können Sie das Wasser abschütten.

4 Backen Sie die Bagels im Toaster. Je nach gewünschter Bräune können Sie hier bei der Stufe variieren.

5 Belegen Sie die untere Hälfte der Bagels mit dem Spinat. Legen Sie darauf das Spiegelei und bestreuen Sie das Ei mit den Chiliflocken. Guten Appetit!

Brote

GRUNDREZEPT: BAGUETTES

2 Port.

20 Min.

Leicht

Zutaten

375 g Mehl
240 ml Wasser
10 g Trockenhefe
1 EL Olivenöl
1 TL Salz
1 Prise Zucker

Nährwerte p. P.

711 kcal
133 g Kohlenhydrate
9 g Fett
21 g Eiweiß

1 Geben Sie die Hefe in das lauwarme Wasser. Rühren Sie 75 g Mehl und die Prise Salz unter. Lassen Sie es kurz gehen.

2 Rühren Sie das Salz, Öl und das restliche Mehl unter, bis eine homogene Masse entstanden ist. Lassen Sie den Teig eine Stunde gehen.

3 Formen Sie zwei Baguettes aus dem Teig und legen Sie diese auf ein Backblech. Erneut eine halbe Stunde gehen lassen.

4 Heizen Sie den Backofen auf 220 °C Ober-/Unterhitze vor.

5 Schneiden Sie die Baguettes jeweils 3-mal ein. Lassen Sie die Baguettes für ca. 25 Minuten im Backofen.

GRUNDREZEPT: SONNTAGSBRÖTCHEN

4 Port.

1 Tag

Mittel

Zutaten

500 g Mehl
320 ml Wasser
½ Hefewürfel
1 ½ TL Salz
1 TL Zucker

Nährwerte p. P.

215 kcal
45 g Kohlenhydrate
1 g Fett
6 g Eiweiß

1 Geben Sie die Hefe in lauwarmes Wasser und rühren Sie so lange um, bis sich die Hefe aufgelöst hat. Fügen Sie die restlichen Zutaten hinzu. Kneten Sie so lange, bis ein homogener Teig entstanden ist. Decken Sie den Teig mit einem Handtuch oder einem Deckel zu und lassen Sie den Teig über Nacht im Kühlschrank gehen.

2 Heizen Sie den Backofen auf 220 °C Ober-/Unterhitze vor.

3 Formen Sie den Teig zu acht gleich großen Brötchen. Nehmen Sie etwas Mehl, falls der Teig zu klebrig ist. Schneiden Sie die Brötchen oben ein, sodass ein „X“ zu erkennen ist.

4 Lassen Sie die Brötchen ca. 25 Minuten im Backofen. Je nach gewünschter Bräune können Sie die Backzeit verkürzen oder verlängern.

KÄSIGES ZUPFBROT

4 Port.

35 Min.

Leicht

Zutaten

100 g Mozzarella (gerieben)
3 Knoblauchzehen
1 Rolle Sonntagsbrötchen (oder siehe Grundrezept)
2 EL Butter (geschmolzen)
2 EL Petersilie (gehackt)
Salz

Nährwerte p. P.

253 kcal
29 g Kohlenhydrate
10 g Fett
11 g Eiweiß

1 Heizen Sie den Backofen auf 200 °C Ober-/Unterhitze vor.

2 Nehmen Sie die Brötchen aus der Rolle und zerschneiden Sie diese, sodass jedes Brötchen in vier Teile geteilt ist.

3 Hacken Sie den Knoblauch und geben Sie diesen in eine große Schüssel. Fügen Sie den Mozzarella, die geschmolzene Butter, die Petersilie sowie etwas Salz hinzu und vermengen Sie alles miteinander.

4 Geben Sie nun die Brötchenstücke in die Schüssel und rühren Sie so lange um, bis jedes Stück mit der Masse bedeckt ist.

5 Legen Sie ein Backblech mit Backpapier aus. Ordnen Sie nun in beliebiger Form (herzförmig, kreisförmig etc.) die Brötchenstücke an.

6 Lassen Sie das Zupfbrot für ca. 15 – 25 Minuten im Ofen. Nehmen Sie es heraus, wenn es goldbraun ist. Guten Appetit!

KNOBLAUCH-BAGUETTE

4 Port.

30 Min.

Leicht

Zutaten

125 g Butter
50 g Parmesan
20 g Petersilie
3 Knoblauchzehen
1 Baguette (oder siehe Grundrezept)
1 TL geräuchertes Paprikapulver
½ TL Jalapeños (getrocknet)
Salz

Nährwerte p. P.

387 kcal
22 g Kohlenhydrate
29 g Fett
9 g Eiweiß

1 Schneiden Sie das Baguette der Länge nach durch, sodass zwei große Flächen entstehen.

2 Heizen Sie den Backofen auf 180 °C Ober-/Unterhitze vor. Sie können das Baguette auch auf einem Grill zubereiten.

3 Geben Sie die Butter in eine Schüssel. Fügen Sie den gepressten Knoblauch, die gehackte Petersilie sowie eine Prise Salz hinzu. Rühren Sie die Mischung gründlich um.

4 Bestreichen Sie das Baguette mit der Knoblauchbutter. Streuen Sie anschließend den Parmesan obendrauf. Lassen Sie das Baguette für ca. 10 - 15 Minuten im Backofen oder legen Sie es auf einen Grill.

5 Streuen Sie vor dem Servieren die Jalapeños und das Paprikapulver auf das Baguette. Guten Appetit!

FÄCHERBROT MIT KRÄUTERN

6 Port.

2 Std.

Mittel

Zutaten

600 g Mehl
300 ml Wasser
100 g Butter
50 ml Olivenöl
30 g Petersilie
3 Knoblauchzehen
1 Zwiebel
½ Hefewürfel
3 TL Salz
½ TL Zucker

Nährwerte p. P.

547 kcal
74 g Kohlenhydrate
23 g Fett
11 g Eiweiß

1 Geben Sie den Hefewürfel und den Zucker in das Wasser und rühren Sie so lange, bis sich die beiden Zutaten aufgelöst haben. Nehmen Sie eine große Schüssel und sieben das Mehl hinein. Rühren Sie anschließend 2 TL Salz unter. Fügen Sie die Hefemischung sowie das Olivenöl zum Mehl hinzu und verrühren Sie die Masse zu einem Teig. Nutzen Sie hierzu erst eine Gabel und anschließend Ihre Hände. Decken Sie den Teig zu und lassen Sie ihn für mindestens eine Stunde an einem warmen Ort ruhen.

2 Geben Sie die Butter in eine Schüssel und schlagen Sie diese mit Hilfe eines Handmixers schaumig. Pressen Sie den Knoblauch in die Schüssel. Hacken Sie die Petersilie und die Zwiebel und geben Sie die Zutaten ebenfalls in die Schüssel. Vermengen Sie es sorgfältig miteinander und rühren Sie 1 TL Salz unter.

3 Heizen Sie den Ofen auf 200 °C Ober-/Unterhitze vor.

4 Rollen Sie den Teig in rechteckiger Form aus. Bestreichen Sie den Teig anschließend mit der angerührten Butter. Schneiden Sie den Teig in ca. 10 cm breite Streifen und falten Sie diese anschließend in einer W-Form.

5 Nehmen Sie eine Kastenform und kleiden Sie diese mit Backpapier aus. Stapeln Sie nun die gefalteten Teigstücke. Lassen Sie das Fächerbrot für 25 - 30 Minuten im Ofen. Guten Appetit!

GEFÜLLTE LAUGENSTANGEN

4 Port.

25 Min.

Leicht

Zutaten

100 g Fleischwurst
100 g Mozzarella
4 Laugenstangen (oder siehe Grundrezept)
2 Knoblauchzehen
2 EL Schnittlauch

Nährwerte p. P.

734 kcal
81 g Kohlenhydrate
31 g Fett
31 g Eiweiß

1 Schneiden Sie die Fleischwurst in kleine Würfel und den Schnittlauch in dünne Ringe. Pressen Sie den Knoblauch.

2 Heizen Sie den Backofen auf 180 °C Ober-/Unterhitze vor.

3 Verrühren Sie die Fleischwurst, den Knoblauch, den Schnittlauch und den Mozzarella in einer Schüssel miteinander.

4 Schneiden Sie die Laugenstange oben der Länge nach auf. Drücken sie die Füllung an die Ränder, sodass eine Kuhle zum Befüllen entsteht. Befüllen Sie die Laugenstangen mit der Füllung. Hierbei ist es nicht schlimm, wenn die Füllung oben rausguckt.

5 Backen Sie die Laugenstangen ca. zehn Minuten im Backofen. Nach dem Backen können Sie nochmals etwas Schnittlauch obendrauf streuen. Guten Appetit!

Salate

GARNELENSALAT

4 Port.

35 Min.

Leicht

Zutaten

200 g Garnelen
2 Knoblauchzehen
3 EL Mayonnaise
2 EL Öl
1 EL Joghurt
1 TL Gartenkräuter
etwas Zitronensaft
Salz, Pfeffer

Nährwerte p. P.

338 kcal
4 g Kohlenhydrate
26 g Fett
22 g Eiweiß

1 Schneiden Sie den Knoblauch in feine Würfel und geben Sie diesen in eine Schüssel. Fügen Sie den Joghurt und die Mayonnaise hinzu und verrühren Sie die Zutaten miteinander. Rühren Sie einen Spritzer Zitronensaft sowie die Gartenkräuter unter. Schmecken Sie mit etwas Salz und Pfeffer ab.

2 Geben Sie etwas Öl in eine Pfanne. Fügen Sie die Garnelen hinzu und braten Sie diese von jeder Seite ca. vier Minuten an. Legen Sie die Garnelen anschließend auf etwas Küchenrolle und lassen Sie die Garnelen 5 - 10 Minuten abkühlen.

3 Wenn die Garnelen abgekühlt sind, können Sie diese unter die vorbereitete Knoblauchsoße rühren.

4 Sie können den Garnelensalat entweder einfach so oder mit etwas Brot essen. Guten Appetit!

MÖHRENSALAT

4 Port.

20 Min.

Leicht

Zutaten

350 g Möhren
150 g griechischer Joghurt
100 g saure Sahne
2 Knoblauchzehen
1 Lauchzwiebel
1 EL Olivenöl
1 EL Dill
1 EL Pinienkerne
1 EL Zitronensaft
Salz, Pfeffer, Chili

Nährwerte p. P.

256 kcal
19 g Kohlenhydrate
14 g Fett
9 g Eiweiß

1 Schälen Sie die Möhren und raspeln Sie diese anschließend. Pressen Sie den Knoblauch und schneiden Sie die Lauchzwiebel in dünne Ringe.

2 Vermengen Sie die saure Sahne, das Öl, den Joghurt, den Zitronensaft sowie den fein gehackten Dill in einer mittelgroßen Schüssel miteinander. Schmecken Sie mit Salz, Pfeffer und dem Chilipulver ab.

3 Geben Sie die Möhre, den Knoblauch und die Lauchzwiebel in eine große Schüssel und vermengen Sie die Zutaten miteinander.

4 Schütten Sie das Dressing ebenfalls in die Schüssel. Rühren Sie so lange um, bis das Gemüse komplett mit dem Dressing bedeckt ist.

5 Lassen Sie den Salat vor dem Verzehr ca. zwei Stunden im Kühlschrank ziehen. Garnieren Sie den Salat vor dem Verzehr mit den Pinienkernen. Guten Appetit!

DILL-KNOBLAUCH-GURKEN

4 Port.

10 Min.

Leicht

Zutaten

3 Knoblauchzehen
1 Gurke
2 EL Essig
1 EL Dill (gehackt)
1 TL Salz

Nährwerte p. P.

49 kcal
8 g Kohlenhydrate
0 g Fett
3 g Eiweiß

1 Teilen Sie die Gurke in drei Teile. Vierteln Sie die Gurkenstücke der Länge nach.

2 Geben Sie den gepressten Knoblauch, den gehackten Dill, das Salz sowie den Essig in eine mittelgroße Schüssel. Vermengen Sie die Zutaten miteinander. Fügen Sie die Gurke hinzu. Rühren Sie so lange um, bis die Gurken komplett mit dem Dressing bedeckt sind.

3 Lassen Sie die Gurken ca. zehn Minuten lang ruhen.

4 Rühren Sie den Salat vor dem Verzehr noch einmal um. Guten Appetit!

KNOBLAUCH-SPAGHETTI-SALAT

4 Port.

40 Min.

Leicht

Zutaten

1 l Gemüsebrühe
300 g Spaghetti
3 Knoblauchzehen
1 Glas Pesto (grün)
2 EL Olivenöl
2 EL Tomaten (getrocknet)
Salz, Pfeffer

Nährwerte p. P.

1066 kcal
114 g Kohlenhydrate
55 g Fett
24 g Eiweiß

1 Erhitzen Sie die Gemüsebrühe in einem großen Topf.

2 Geben Sie die Spaghetti sowie einen kleinen Schuss Olivenöl in das Kochwasser. Kochen Sie die Nudeln, bis sie gar sind. Schöpfen Sie vor dem Abschütten ca. 125 ml des Kochwassers ab. Spülen Sie die Nudeln mit kaltem Wasser ab. Geben Sie die Spaghetti in eine große Schüssel und rühren Sie erneut etwas Olivenöl hinein.

3 Schneiden Sie die getrockneten Tomaten klein. Pressen Sie den Knoblauch. Rühren Sie das Pesto, die getrockneten Tomaten und den Knoblauch unter die Spaghetti. Je nach gewünschter Konsistenz können Sie etwas von dem Nudelwasser hinzugeben.

4 Schmecken Sie den Spaghettisalat mit Salz und Pfeffer ab. Lassen Sie den Salat ca. zwei Stunden im Kühlschrank ziehen. Guten Appetit!

KNOBLAUCH-AUBERGINEN-SALAT

 4 Port.

 40 Min.

 Mittel

Zutaten

100 g Romanasalat
3 Knoblauchzehen
1 Dose Kichererbsen
1 Aubergine
½ Avocado
½ Gurke
3 EL Olivenöl
2 EL Wasser
etwas Zitronensaft
Salz, Pfeffer, Paprikapulver, Basilikum

Nährwerte p. P.

526 kcal
30 g Kohlenhydrate
35 g Fett
13 g Eiweiß

1 Heizen Sie den Backofen auf 200 °C Ober-/Unterhitze vor.

2 Schneiden Sie die Enden der Aubergine ab und zerkleinern Sie die Aubergine in kleine Stücke. Legen Sie die Auberginenstücke auf ein Backblech und streuen Sie etwas Salz darüber. Lassen Sie die Aubergine ca. 20 - 25 Minuten im Backofen.

3 Waschen Sie das restliche Gemüse. Zupfen Sie den Romanasalat klein und würfeln Sie die Gurke und die Avocado. Geben Sie das Gemüse in eine Schüssel und vermengen Sie es mit den Kichererbsen.

4 Geben Sie den Knoblauch, das Olivenöl, einen Spritzer Zitronensaft und das Wasser in einen Mixer. Mixen Sie die Zutaten so lange, bis keine Stücke mehr zu sehen sind. Rühren Sie danach etwas Basilikum unter. Vermengen Sie das angerührte Dressing mit dem Gemüse in der Schüssel. Würzen Sie ggf. mit Salz, Pfeffer und dem Paprikapulver nach.

5 Servieren Sie den Salat und streuen sie obendrauf die Aubergine. Guten Appetit!

TOMATENSALAT

 4 Port.  15 Min.  Mittel

Zutaten

400 g Cherrytomaten
25 g Petersilie (gehackt)
3 Knoblauchzehen
1 Paprika
3 EL Olivenöl
½ EL Paprikapulver (geräuchert)
Salz, Pfeffer

Nährwerte p. P.

310 kcal
19 g Kohlenhydrate
22 g Fett
7 g Eiweiß

1 Vierteln Sie die Cherrytomaten und geben Sie diese in eine große Schüssel.

2 Schneiden Sie die Paprika grob klein und geben Sie diese zusammen mit dem Knoblauch in einen Mixer. Mixen Sie so lange, bis eine homogene Masse daraus geworden ist.

3 Geben Sie die Knoblauch-Paprika-Masse in eine Schüssel und rühren Sie das Paprikapulver, Salz, Pfeffer und das Olivenöl unter. Rühren Sie gut um.

4 Vermischen Sie das Dressing mit den Tomaten, sodass die Tomaten komplett damit bedeckt sind.

5 Rühren Sie die Petersilie unter und schmecken Sie den Salat ab. Lassen Sie den Salat ca. eine halbe Stunde im Kühlschrank ziehen. Guten Appetit!

Dressings

ZITRONEN-KNOBLAUCH-DRESSING

4 Port.

5 Min.

Leicht

Zutaten

8 EL Olivenöl
4 TL Zitronensaft
2 TL Knoblauch (gepresst)
1 TL Basilikum (getrocknet)
1 TL Salz
1 TL Zitronenabrieb
½ TL schwarzer Pfeffer
½ TL Dijon Senf
½ TL Oregano (getrocknet)

Nährwerte p. P.

518 kcal
4 g Kohlenhydrate
56 g Fett
1 g Eiweiß

Tipp: Spargel

1 Vermengen Sie das Öl mit dem Zitronensaft in einem Glas oder einer Schüssel.

2 Rühren Sie nun alle übrigen Gewürze unter die Flüssigkeit.

3 Schmecken Sie das Dressing ab und fügen Sie ggf. weitere Gewürze hinzu. Guten Appetit!

BUTTERMILCH-KNOBLAUCH-DRESSING

4 Port.

40 Min.

Mittel

Zutaten

100 ml Buttermilch
80 g Mayonnaise
6 Knoblauchzehen
1 EL Weißweinessig
1 TL Worcestersauce
½ TL Salz
½ TL Zwiebelpulver
½ TL Thymian
etwas Olivenöl
weißer Pfeffer

Nährwerte p. P.

171 kcal
5 g Kohlenhydrate
16 g Fett
2 g Eiweiß

1 Heizen Sie den Ofen auf 190 °C Ober-/Unterhitze vor.

2 Schneiden Sie die Spitzen des Knoblauchs ab. Legen Sie den Knoblauch auf ein Backblech und beträufeln Sie diesen mit Öl und streuen Sie anschließend Salz darüber.

3 Lassen Sie den Knoblauch für ca. 25 – 30 Minuten im Ofen.

4 Pressen Sie die Knoblauchzehen aus. Geben Sie den Knoblauch, die Buttermilch, die Mayonnaise, die Worcestersauce, den Pfeffer, das Salz und Zwiebelpulver sowie den Thymian in einen Mixer. Pürieren Sie die Masse, bis sie glatt ist und keine Stückchen mehr zu sehen sind.

5 Schütten Sie das Dressing in ein verschließbares Behältnis und verwahren Sie es für einige Stunden im Kühlschrank. Dadurch wird das Dressing etwas dickflüssiger und der Geschmack wird intensiver. Guten Appetit!

ASIA-STYLE-DRESSING

4 Port.

5 Min.

Leicht

Zutaten

60 ml Reisweinessig
4 Knoblauchzehen
1 EL Olivenöl
4 TL Kristallzucker
4 TL Sesamöl
4 TL Sojasauce
½ TL Chiliflocken

Nährwerte p. P.

221 kcal
17 g Kohlenhydrate
16 g Fett
2 g Eiweiß

1 Vermischen Sie den Reisweinessig und den Zucker in einer mittelgroßen Schüssel.

2 Pressen Sie den Knoblauch hinein und rühren Sie erneut um.

3 Rühren Sie nun die restlichen Zutaten ein.

4 Schmecken Sie das Dressing ggf. noch ab. Lassen Sie es vor dem Verzehr mindestens einen Tag lang im Kühlschrank ruhen. Guten Appetit!

Suppen

CREMIGE KNOBLAUCHSUPPE

 4 Port.  40 Min. Mittel

Zutaten

250 ml Gemüsebrühe
200 ml Sahne
150 g Crème fraîche
6 Knoblauchzehen
1 Zwiebel
3 EL Olivenöl
2 EL Mehl
Salz, Pfeffer

Nährwerte p. P.

735 kcal
21 g Kohlenhydrate
69 g Fett
7 g Eiweiß

1 Erhitzen Sie das Öl in einem großen Topf.

2 Schneiden Sie die Zwiebel in kleine Würfel und braten Sie diese ein paar Minuten lang an. Fügen Sie das Mehl hinzu und lassen Sie es kurz anschwitzen. Rühren Sie währenddessen durchgehend mit einem Rührbesen.

3 Schütten Sie die Gemüsebrühe in den Topf und rühren Sie erneut, bis sich das Mehl aufgelöst hat. Rühren Sie die Sahne und Crème fraîche ein. Pressen Sie den Knoblauch hinein und schmecken Sie mit etwas Salz und Pfeffer ab.

4 Lassen Sie die Suppe ca. 10 - 15 Minuten lang köcheln.

5 Pürieren Sie die Suppe mit einem Pürierstab und schmecken Sie erneut mit Salz und Pfeffer ab. Guten Appetit!

KNOBLAUCH-BROT-SUPPE

4 Port.

50 Min.

Mittel

Zutaten

1,2 l Gemüsebrühe
75 g Serranoschinken
6 Scheiben Brot (hart)
5 Knoblauchzehen
2 EL Öl
Salz, Pfeffer, Paprikapulver (edelsüß)

Nährwerte p. P.

544 kcal
71 g Kohlenhydrate
18 g Fett
22 g Eiweiß

1 Schneiden Sie die Knoblauchzehen in relativ dicke Scheiben.

2 Erhitzen Sie etwas Olivenöl in einer großen, tiefen Pfanne. Braten Sie darin den Knoblauch an. Schneiden Sie den Serranoschinken klein und braten Sie diesen ebenfalls in der Pfanne an. Legen Sie die Brotscheiben nun ebenfalls in die Pfanne und rösten Sie diese goldbraun an.

3 Schütten Sie die Brühe in die Pfanne und würzen Sie mit etwas Paprikapulver. Lassen Sie die Brühe für 20 Minuten köcheln.

4 Rühren Sie am Ende nochmals um und schmecken Sie die Suppe mit Salz, Pfeffer und Paprikapulver ab. Guten Appetit!

WEIẞE BOHNEN-KNOBLAUCH-SUPPE

4 Port.

30 Min.

Mittel

Zutaten

500 ml Gemüsebrühe
400 g weiße Bohnen
3 Knoblauchzehen
½ TL Rosmarin
½ TL Thymian
Salz, Pfeffer, Paprikapulver

Nährwerte p. P.

225 kcal
42 g Kohlenhydrate
1 g Fett
10 g Eiweiß

1 Schütten Sie die weißen Bohnen ab. Geben Sie 200 g der Bohnen in einen Mixer und pürieren Sie diese gründlich.

2 Erhitzen Sie etwas Öl in einem großen Topf. Pressen Sie den Knoblauch hinein und braten Sie ihn ein paar Minuten an.

3 Schütten Sie die pürierten Bohnen hinein. Rühren Sie anschließend die restlichen weißen Bohnen, die Brühe, Rosmarin, Thymian sowie Salz, Pfeffer und das Paprikapulver ein. Geben Sie einen Deckel auf den Topf und lassen Sie die Suppe für zehn Minuten mit geschlossenem Deckel köcheln.

4 Zerdrücken Sie die Bohnen mit einem Kartoffelstampfer oder einem ähnlichen Küchengerät, damit die Suppe etwas dickflüssiger wird.

5 Schmecken Sie die Suppe ggf. noch einmal ab. Guten Appetit!

ERBSENSUPPE

 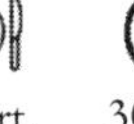  

4 Port. 30 Min. Leicht

Zutaten

700 ml Gemüsebrühe
400 g TK-Erbsen
50 g Cashewkerne
1 Knoblauchknolle
1 Zwiebel
1 EL Olivenöl
Salz, Pfeffer, Paprikapulver (edelsüß)

Nährwerte p. P.

232 kcal
22 g Kohlenhydrate
10 g Fett
10 g Eiweiß

1 Erhitzen Sie etwas Olivenöl in einem großen Topf.

2 Schälen Sie den Knoblauch und braten Sie die Zehen an. Schneiden Sie die Zwiebel und die Cashewkerne grob und braten Sie diese ebenfalls kurz an. Fügen Sie die gefrorenen Erbsen hinzu und würzen Sie mit Salz und etwas Pfeffer.

3 Schütten Sie nach ca. zwei Minuten die Brühe in den Topf. Lassen Sie die Suppe ca. acht Minuten lang köcheln. Stellen Sie die Hitze runter und lassen Sie die Suppe kurz abkühlen. Nehmen Sie einen Pürierstab und pürieren Sie die Suppe, bis eine cremige Konsistenz entstanden ist.

4 Stellen Sie die Hitze wieder hoch und lassen Sie die Suppe aufkochen.

5 Schmecken Sie mit Salz, Pfeffer und etwas Paprikapulver ab. Guten Appetit!

BUNTE KNOBLAUCHSUPPE

4 Port.

1 Std.

Schwer

Zutaten

800 ml Gemüsebrühe
100 ml Sahne
100 g Sellerie
80 g Champignons
20 g Ingwer
2 Knoblauchknollen
2 Schalotten
1 Möhre
1 Apfel
½ Bund Petersilie (gehackt)
2 EL Olivenöl
Salz, Pfeffer, Muskat

Nährwerte p. P.

232 kcal
21 g Kohlenhydrate
14 g Fett
5 g Eiweiß

1 Lösen Sie die Knoblauchzehen aus der Knolle und schälen Sie alle Zehen. Würfeln Sie den Ingwer, den Sellerie, die Möhre und die Schalotte. Halbieren Sie die Pilze und schneiden Sie diese in dünne Scheiben.

2 Erhitzen Sie das Öl in einem großen Topf und braten Sie darin die Möhre, Schalotte und den Sellerie an. Geben Sie nach vier Minuten den Knoblauch, die Champignons und den Ingwer hinzu. Braten Sie diese weitere vier Minuten an.

3 Schneiden Sie den Apfel in grobe Würfel. Schütten Sie die Brühe und den Apfel in den Topf. Würzen Sie mit Salz, Pfeffer und Muskat. Lassen Sie die Suppe eine halbe Stunde lang bei niedriger Hitze köcheln.

4 Rühren Sie nach der Zeit die gehackte Petersilie und die Sahne unter. Pürieren Sie die Suppe. Je nach gewünschter Konsistenz entweder kürzer oder länger pürieren.

5 Lassen Sie die Suppe fünf Minuten köcheln.

6 Schmecken Sie erneut mit den Gewürzen ab. Guten Appetit!

BLUMENKOHLSUPPE MIT GARNELEN

4 Port.

35 Min.

Mittel

Zutaten

1 kg Blumenkohl
750 ml Gemüsebrühe
250 g Garnelen
150 ml Weißwein
150 g Crème fraîche
9 Knoblauchzehen
3 Stiele Thymian
1 Zwiebel
1 Zitrone
½ Bund Petersilie (gehackt)
5 EL Olivenöl
Salz, Pfeffer, Kräutersalz

Nährwerte p. P.

459 kcal
14 g Kohlenhydrate
31 g Fett
22 g Eiweiß

1 Schneiden Sie die Zwiebel und sieben Knoblauchzehen in feine Würfel.

2 Erhitzen Sie etwas Öl in einem großen Topf und braten Sie darin die Zwiebel und den Knoblauch ein paar Minuten lang an.

3 Schneiden Sie den Blumenkohl in kleine Röschen und zupfen Sie den Thymian ab. Geben Sie beides ebenfalls in den Topf und braten sie weitere zwei Minuten. Schütten Sie den Weißwein und die Brühe hinzu. Lassen Sie es aufkochen und anschließend für ca. 20 Minuten köcheln.

4 Erhitzen Sie etwas Öl in einer Pfanne und braten Sie darin die Garnelen an. Pressen Sie zum Ende der Garzeit den restlichen Knoblauch zu den Garnelen. Würzen Sie zudem mit der gehackten Petersilie, Salz und Pfeffer. Rühren Sie zum Ende der Garzeit Crème fraîche unter.

5 Pürieren Sie die Suppe mit einem Pürierstab. Je nach gewünschter Konsistenz etwas länger oder kürzer. Schmecken Sie die Suppe mit etwas Zitronensaft, Kräutersalz und Pfeffer ab.

6 Servieren Sie die Suppe gemeinsam mit den Garnelen. Guten Appetit!

KARTOFFEL-KNOBLAUCH-SUPPE

4 Port.

45 Min.

Mittel

Zutaten

1 kg Kartoffeln
600 ml Gemüsebrühe
120 ml Sahne
100 ml Olivenöl
60 g Knoblauch
4 EL Parmesan
Salz, Pfeffer

Nährwerte p. P.

526 kcal
48 g Kohlenhydrate
32 g Fett
8 g Eiweiß

1 Heizen Sie den Backofen auf 200 °C Ober-/Unterhitze vor. Nehmen Sie eine ofenfeste Form (z. B. eine Auflaufform, Schüssel) und befüllen Sie diese mit dem Olivenöl.

2 Schälen Sie den Knoblauch und legen Sie die Zehen in das Gefäß aus Schritt 1. Streuen Sie etwas Salz obendrauf. Backen Sie den Knoblauch ca. 15 Minuten im Backofen. Bringen Sie Wasser in einem großen Topf zum Kochen. Würzen Sie mit reichlich Salz.

3 Schälen Sie die Kartoffeln und vierteln Sie diese danach. Geben Sie die Kartoffeln in das kochende Wasser. Kochen Sie die Kartoffeln, bis diese durch sind. Stechen Sie nach ca. zehn Minuten in die Kartoffeln. Wenn die Kartoffel durch ist, rutscht sie von der Gabel. Schütten Sie die Kartoffeln ab.

4 Geben Sie die Brühe, den Knoblauch (ohne das Öl), die Kartoffeln, Sahne und den Parmesan in einen großen Topf. Pürieren Sie die Zutaten mit einem Pürierstab.

5 Wenn die Suppe zu dickflüssig ist, können Sie etwas mehr Brühe hinzugeben. Pürieren Sie noch einmal, falls Sie noch Flüssigkeit hinzugeben.

6 Lassen Sie die Suppe noch einmal aufkochen. Schmecken Sie die Suppe mit Salz und Pfeffer ab. Guten Appetit!

Fleischgerichte

KNOBLAUCH-HÄHNCHEN MIT GEMÜSE

4 Port.

1,5 Std.

Schwer

Zutaten

500 ml passierte Tomaten
200 ml Hühnerbrühe
120 ml Sojasauce
100 ml Honig
6 Hähnchenkeulen
5 Kartoffeln
4 Knoblauchzehen
2 Zwiebeln
1 Brokkoli
½ Bund Petersilie (gehackt)
2 EL Olivenöl
Salz, Pfeffer, Paprikapulver (edelsüß), Chilipulver, Oregano

Nährwerte p. P.

775 kcal
52 g Kohlenhydrate
32 g Fett
66 g Eiweiß

1 Heizen Sie den Backofen auf 200 °C Ober-/Unterhitze vor.

2 Waschen Sie die Hähnchenkeulen gründlich mit Wasser ab. Trocknen Sie die Keulen ab und würzen Sie diese mit Salz, Pfeffer und dem Paprikapulver. Erhitzen Sie etwas Öl in einer großen Pfanne. Braten Sie darin die Keulen von jeder Seite ca. vier Minuten lang an.

3 Schälen Sie die Kartoffeln und schneiden Sie diese in mundgerechte Stücke. Vierteln Sie die Zwiebeln und teilen Sie den Brokkoli in mundgerechte Röschen.

4 Rühren Sie die Marinade in einer mittelgroßen Schüssel an. Geben Sie die Sojasauce, die Brühe, den Honig und den gepressten Knoblauch in die Schüssel. Würzen bzw. schmecken Sie die Marinade mit Salz, Pfeffer, Chilipulver und dem Oregano ab. Marinieren Sie die Keulen ca. fünf Minuten. Heben Sie die Marinade auf, wenn Sie die Keulen herausnehmen.

5 Geben Sie die Kartoffeln und Zwiebeln in eine große Auflaufform. Verteilen Sie obendrauf die Hähnchenkeulen. Schütten Sie die passierten Tomaten in die Lücken zwischen den Keulen. Schieben Sie die Auflaufform in den Ofen und lassen Sie es für ca. 25 Minuten backen.

6 Nach ca. 20 Minuten legen Sie den Brokkoli in die übrige Marinade und lassen es ebenfalls fünf Minuten einziehen. Nach Ablauf der Zeit verteilen Sie den Brokkoli in der Auflaufform. Lassen Sie es nun weitere 25 - 30 Minuten backen. Falls die Keulen anfangen, schwarz zu werden, sollten Sie die Auflaufform mit Alufolie bedecken.

7 Nehmen Sie die Form nach Ablauf der Zeit aus dem Ofen. Garnieren Sie mit der Petersilie. Guten Appetit!

SPINAT-NUDELN MIT PUTE

4 Port.

35 Min.

Mittel

Zutaten

500 g Penne
500 ml Milch
400 g Putensteak
140 g Parmesan (gerieben)
100 g Babyspinat
4 Knoblauchzehen
2 EL Butter
2 EL Mehl
1 TL Brühe
Salz, Pfeffer

Nährwerte p. P.

828 kcal
100 g Kohlenhydrate
22 g Fett
55 g Eiweiß

1 Bringen Sie in einem relativ großen Topf Wasser zum Kochen und kochen Sie darin die Penne nach Packungsanweisung. Erhitzen Sie etwas Öl in einer großen Pfanne.

2 Schneiden Sie die Putensteaks in mundgerechte Stücke und braten Sie diese in der Pfanne an. Nehmen Sie das Fleisch danach heraus und stellen Sie es beiseite.

3 Geben Sie die Butter in einen großen Topf und lassen Sie diese schmelzen. Pressen Sie den Knoblauch hinein und braten Sie diesen zwei Minuten an. Schütten Sie das Mehl hinein. Rühren Sie um, bis sich das Mehl mit der Butter verbunden hat. Löschen Sie mit der Milch und dem Brühpulver ab. Rühren Sie so lange um, bis sich die Buttermischung mit der Milch verbunden hat. Lassen Sie die Sauce so lange köcheln, bis sie etwas eingedickt ist.

4 Rühren Sie den Parmesan unter. Sobald sich der Käse aufgelöst hat, rühren Sie die Nudeln und die Putensteaks unter. Erneut kurz aufkochen lassen. Schmecken Sie die Sauce mit Salz und Pfeffer ab.

5 Sobald die Sauce geschmacklich gut ist, rühren Sie den Babyspinat unter und lassen diesen einfallen. Guten Appetit!

KÄSIGE BULETTEN MIT ZOODLES

4 Port.

40 Min.

Mittel

Zutaten

500 g Rinderhack
5 Knoblauchzehen
4 Scheiben Käse
2 Zucchini
½ Bund Petersilie (gehackt)
½ Zitrone
4 EL Butter
1 EL Sriracha (oder andere Chilisauce)
1 TL Rinderbrühpulver
Salz, Pfeffer, Chiliflocken, Steakgewürz, italienische Kräuter

Nährwerte p. P.

302 kcal
4 g Kohlenhydrate
17 g Fett
32 g Eiweiß

1 Geben Sie das Rinderhack in eine große Schüssel. Lockern Sie das Hack mit den Händen etwas auf. Fügen Sie das Steakgewürz, Chiliflocken, Pfeffer, die Rinderbrühe, die gehackte Petersilie und 2 ½ Zehen Knoblauch (gepresst) hinzu. Vermengen Sie die Masse entweder mit einer Gabel oder mit der Hand.

2 Formen Sie das Hack zu acht Buletten. Legen Sie auf vier Buletten jeweils eine Scheibe Käse und packen Sie auf den Käse jeweils eine weitere Bulette, sodass es wie ein Sandwich ist.

3 Erhitzen Sie 2 EL Butter in einer großen Pfanne. Braten Sie darin die Buletten von jeder Seite ca. sechs Minuten lang an. Nehmen Sie die Buletten anschließend heraus.

4 Verarbeiten Sie die Zucchini entweder mit einem Zoodle-Maker oder einem Sparschäler zu Zoodles (= Zucchininudeln). Hierzu wird die Zucchini in nudelähnliche dünne Streifen geschnitten/geschält.

5 Erhitzen Sie in der Pfanne aus Schritt 3 den restlichen Knoblauch, 2 EL Butter, den Saft der halben Zitrone, die Chilisauce, italienische Kräuter und die Chiliflocken. Geben Sie die Zoodles ebenfalls in die Pfanne. Lassen Sie die Zoodles drei Minuten lang köcheln.

6 Schieben Sie die Zoodles auf die eine Seite der Pfanne und wärmen Sie die Buletten auf der anderen Seite der Pfanne noch einmal kurz auf. Guten Appetit!

Tipp: Spargel

KRÄUTER-KEULEN MIT KARTOFFELN

4 Port.

2 Std.

Schwer

Zutaten

100 ml Olivenöl
8 Kartoffeln
4 Hähnchenkeulen
3 Zitronen
1 Knoblauchknolle
1 TL Salz
Pfeffer, Thymian, Rosmarin

Nährwerte p. P.

680 kcal
35 g Kohlenhydrate
40 g Fett
43 g Eiweiß

1 Heizen Sie den Backofen auf 200 °C Umluft vor. Waschen Sie die Hähnchenkeulen mit etwas Wasser ab. Würzen Sie die Keulen mit Salz und Pfeffer und legen Sie diese in eine große Auflaufform.

2 Schütten Sie das Olivenöl, den Saft von zwei Zitronen und 1 TL Salz in eine Schüssel. Rühren Sie die Marinade eine Minute mit einem Rührbesen um, damit die Marinade etwas cremiger wird.

3 Schneiden Sie die Kartoffeln in grobe Würfel und verteilen Sie diese ebenfalls in der Auflaufform. Lösen Sie die Knoblauchzehen aus der Knolle und schälen Sie diese. Verteilen Sie die Zehen auf den Hähnchenkeulen. Verteilen Sie Thymian und Rosmarin über die Auflaufform. Schütten Sie die Marinade über die Auflaufform, sodass alles damit bedeckt ist.

4 Geben Sie die Form für ca. eine Stunde in den Backofen. Nehmen Sie die Form nach Ablauf der Zeit kurz heraus. Drehen Sie den Knoblauch und die Kartoffeln um. Pressen Sie eine Zitrone über der Auflaufform aus. Geben Sie die Auflaufform für weitere 35 Minuten in den Ofen.

5 Würzen Sie nochmals mit Thymian und Rosmarin. Guten Appetit!

SAHNENUDELN MIT GERÖSTETEM KNOBLAUCH

4 Port.

45 Min.

Schwer

Zutaten

400 g Farfalle
220 ml Sahne
200 g Champignons
100 g Tomaten (getrocknet)
120 ml Weißwein
100 g Bacon
1 Schalotte
60 g Parmesan (gerieben)
2 Hähnchenbrustfilets
1 Knoblauchknolle
etwas Olivenöl
Salz, Pfeffer

Nährwerte p. P.

787 kcal
65 g Kohlenhydrate
34 g Fett
51 g Eiweiß

1 Heizen Sie den Backofen auf 180 °C Ober-/Unterhitze vor.

2 Schneiden Sie den oberen Teil der Knoblauchknolle ab, sodass die Knoblauchzehen oben offen sind. Legen Sie die Knoblauchknolle in eine ofenfeste Schüssel oder eine Auflaufform. Bedecken Sie die Knolle mit etwas Olivenöl. Backen Sie die Knoblauchknolle ca. 40 Minuten im Backofen. Falls die Knolle zu dunkel wird, bedecken Sie diese mit etwas Alufolie.

3 Lassen Sie die Knolle nach Ablauf der Zeit abkühlen und drücken Sie anschließend die Zehen aus der Schale.

4 Bringen Sie in einem mittelgroßen Topf Wasser zum Kochen. Geben Sie die Nudeln hinein und kochen Sie diese, bis sie gar sind.

5 Schneiden Sie die Hähnchenfilets in mundgerechte Stücke. Erhitzen Sie Öl in einer großen Pfanne und braten Sie darin die Hähnchenfilets drei Minuten von jeder Seite an. Würzen Sie mit Salz und Pfeffer. Nehmen Sie die Pfanne vom Herd.

6 Braten Sie den Bacon in einer anderen Pfanne an. Lassen Sie den Bacon anschließend auf etwas Küchenrolle abtropfen.

7 Schneiden Sie die Schalotte, Champignons und die getrockneten Tomaten klein. Geben Sie das Gemüse in die Pfanne mit den Hähnchenbrustfilets. Stellen Sie die Pfanne wieder auf den Herd und braten Sie das Gemüse an. Rühren Sie den Bacon und die Sahne unter. Lassen Sie es für ca. drei Minuten köcheln. Schütten Sie den Weißwein in die Pfanne und lassen Sie es ca. zehn Minuten köcheln.

8 Als Letztes den Knoblauch und Parmesan unterrühren und mit etwas Salz und Pfeffer abschmecken.

9 Servieren Sie die Nudeln und die Sauce entweder separat oder vermengen Sie beides miteinander. Guten Appetit!

STEAK MIT KARTOFFELN

 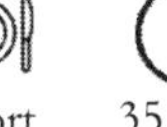 

4 Port. 35 Min. Mittel

Zutaten

500 g Steak
500 g Kartoffeln
80 ml Sojasauce
5 Knoblauchzehen
3 EL Butter
2 EL Olivenöl
1 EL Sriracha (oder andere Chilisauce)
Salz, Pfeffer, Thymian, Rosmarin, Oregano, Chiliflocken

Nährwerte p. P.

491 kcal
25 g Kohlenhydrate
30 g Fett
30 g Eiweiß

1 Vermengen Sie die Sojasauce, 1 EL Olivenöl, die Chilisauce und etwas Pfeffer in einer großen Schüssel.

2 Schneiden Sie das Steak in mundgerechte Streifen. Geben Sie es in die Marinade und lassen Sie es einwirken, bis die Kartoffeln fertig sind. Schneiden Sie die Kartoffel in Wedges. Teilen Sie die Kartoffel hierzu entweder 4- oder 6-mal, je nach gewünschter Dicke.

3 Erhitzen Sie in einer großen Pfanne 1 EL Olivenöl und 1 EL Butter. Geben Sie die Kartoffeln hinzu und braten Sie diese von jeder Seite ca. vier Minuten an. Die Wedges sollten goldbraun sein. Nehmen Sie die Wedges heraus und geben Sie diese in eine Schüssel.

4 Geben Sie in die Pfanne 2 EL Butter, den gepressten Knoblauch, Chiliflocken und Thymian, Rosmarin sowie Oregano. Fügen Sie das Steak hinzu und braten Sie dieses, bis jede Seite gebräunt ist.

5 Rühren Sie die Wedges unter und erhitzen Sie die Kartoffeln erneut kurz. Würzen Sie ggf. mit etwas Salz und Pfeffer. Guten Appetit!

BOHNEN MIT HÄHNCHENBRUST

4 Port.

35 Min.

Mittel

Zutaten

400 g grüne Bohnen
4 Hähnchenbrüste
80 ml Kokosmilch
3 Knoblauchzehen
1 EL Olivenöl
1 EL Butter
½ TL Ingwer
½ TL Basilikum
Salz, Pfeffer, Chiliflocken, Zwiebelpulver

Nährwerte p. P.

413 kcal
8 g Kohlenhydrate
17 g Fett
54 g Eiweiß

1 Erhitzen Sie das Olivenöl in einer großen Pfanne.

2 Schneiden Sie die Hähnchenbrust in mundgerechte Stücke. Braten Sie die Hähnchenbrust in der Pfanne an. Würzen Sie mit Salz, Pfeffer, Zwiebelpulver und dem Basilikum.

3 Sobald das Hähnchen durch ist, fügen Sie die Kokosmilch, die Butter, den gepressten Knoblauch, Ingwer und die Chiliflocken hinzu. Reduzieren Sie die Hitze und lassen Sie es köcheln.

4 Waschen Sie die Bohnen und halbieren Sie diese ggf. Fügen Sie die Bohnen hinzu. Lassen Sie es zugedeckt ca. acht Minuten köcheln. Rühren Sie zwischendurch um, da es sonst am Boden festbrennt.

5 Schmecken Sie noch einmal mit den Gewürzen ab. Guten Appetit!

Fischgerichte

ZITRONEN-SHRIMPS

4 Port.

30 Min.

Mittel

Zutaten

250 g Linguine
250 g Shrimps
150 ml Hühnerbrühe
100 ml Weißwein
50 ml Sahne
4 Knoblauchzehen
1 Zitrone
3 EL Butter
2 EL Olivenöl
etwas Parmesan (gerieben)
Salz, Pfeffer, Chiliflocken, Zucker

Nährwerte p. P.

468 kcal
47 g Kohlenhydrate
19 g Fett
21 g Eiweiß

1 Erhitzen Sie das Olivenöl und die Butter in einer großen Pfanne. Pressen Sie den Knoblauch hinein und braten Sie diesen ein paar Minuten.

2 Kochen Sie die Nudeln nach den Anweisungen auf der Verpackung.

3 Geben Sie die Shrimps zu dem Knoblauch in die Pfanne. Braten Sie diese von beiden Seiten ca. eine Minute lang an. Löschen Sie mit dem Weißwein, der Sahne und der Brühe ab. Lassen Sie es ein paar Minuten köcheln.

4 Schneiden Sie die Zitrone in dünne Scheiben und geben Sie diese ebenfalls in die Pfanne.

5 Rühren Sie etwas Parmesan unter. Schmecken Sie die Sauce mit Salz, Pfeffer, Zucker und den Chiliflocken ab. Mischen zum Schluss die Nudeln unter oder servieren Sie diese separat. Guten Appetit!

KNOBLAUCH-SARDINEN

4 Port.

35 Min.

Leicht

Zutaten

1 kg Sardinen (küchenfertig)
3 Knoblauchzehen
2 Bund Petersilie
1 Zitrone
4 EL Öl
Salz, Pfeffer

Nährwerte p. P.

594 kcal
3 g Kohlenhydrate
31 g Fett
74 g Eiweiß

1 Waschen Sie die Sardinen gründlich mit Wasser ab. Salzen Sie die Innenseite der Sardinen leicht. Legen Sie die Sardinen in eine Auflaufform.

2 Heizen Sie den Backofen auf 180 °C Ober-/Unterhitze vor.

3 Schneiden Sie den Knoblauch in dünne Scheiben und hacken Sie die Petersilie fein. Geben Sie die Petersilie und den Knoblauch in eine kleine Schüssel. Fügen Sie den Saft der Zitrone, das Öl, Salz und Pfeffer hinzu. Vermischen Sie alles miteinander.

4 Schütten Sie die Marinade über die Sardinen und rühren Sie so lange um, bis alle Sardinen mit der Marinade bedeckt sind.

5 Lassen Sie die Sardinen für ca. 25 Minuten im Ofen. Guten Appetit!

MUSCHELN IN TOMATENSAUCE

4 Port.

30 Min.

Leicht

Zutaten

500 g Miesmuscheln (mit Schale)
200 g Tomaten (gehackt)
75 ml Wasser
3 Knoblauchzehen
1 ½ Paprika
1 Zwiebel
½ Zitrone
Salz, Pfeffer, Cayennepfeffer

Nährwerte p. P.

174 kcal
15 g Kohlenhydrate
2 g Fett
24 g Eiweiß

1 Schneiden Sie die Zwiebel und die Paprika in kleine Würfel. Pressen Sie den Knoblauch.

2 Erhitzen Sie etwas Öl in einer großen Pfanne und braten Sie darin das Gemüse an. Fügen Sie die Muscheln hinzu und warten Sie kurz. Löschen Sie mit dem Wasser ab und setzen Sie einen Deckel auf die Pfanne.

3 Schütten sie nach ca. drei Minuten die gehackten Tomaten und den Saft der halben Zitrone hinzu. Würzen Sie mit Salz, Pfeffer und einer Prise Cayennepfeffer.

4 Ziehen Sie die Muscheln mit Hilfe einer Gabel aus der Schale. Schmeißen Sie die Schale sowie geschlossene Muscheln weg.

5 Lassen Sie die Muscheln ca. fünf Minuten bei mittlerer Hitze köcheln. Schmecken Sie noch einmal mit Salz und Pfeffer ab. Guten Appetit!

MARINIERTER LACHS

4 Port.

40 Min.

Mittel

Zutaten

1,2 kg Lachsfilet
40 g Honig
30 g Butter
4 Knoblauchzehen
½ Zitrone
2 EL Petersilie (gehackt)
Salz, Pfeffer

Nährwerte p. P.

734 kcal
12 g Kohlenhydrate
45 g Fett
70 g Eiweiß

1 Heizen Sie den Backofen auf 190 °C Ober-/Unterhitze vor.

2 Legen Sie ein Backblech mit Alufolie aus. Formen Sie aus der Alufolie ein Schiffchen, sodass das Lachsfilet genau reinpasst. Lassen Sie die Außenseiten lang genug, sodass die Alufolie über dem Fisch geschlossen werden kann.

3 Lassen Sie die Butter in einem kleinen Topf schmelzen. Rühren Sie den Honig, den gepressten Knoblauch und den Saft der halben Zitrone unter.

4 Legen Sie das Lachsfilet in die vorbereitete Alufolie. Schütten Sie die Marinade über das Lachsfilet und verteilen Sie die Marinade mit einem Pinsel. Würzen Sie mit Salz und Pfeffer. Verschließen Sie die Alufolie, sodass der Fisch komplett bedeckt ist. Lassen Sie den Lachs ca. 16 Minuten im Ofen.

5 Öffnen Sie die Alufolie und lassen Sie es den Lachs weitere zwei Minuten im Backofen. Garnieren Sie mit der gehackten Petersilie. Guten Appetit!

KNOBLAUCH-TINTENFISCH

4 Port.

15 Min.

Leicht

Zutaten

400 g Tintenfisch
3 Knoblauchzehen
2 Frühlingszwiebeln
½ Bund Petersilie
4 EL Olivenöl
3 EL Weißwein
3 EL Wasser
1 EL Weißweinessig
Salz, Zucker

Nährwerte p. P.

242 kcal
6 g Kohlenhydrate
15 g Fett
19 g Eiweiß

1 Waschen Sie den Tintenfisch gründlich ab. Schneiden Sie den Tintenfisch in 2 cm breite Ringe und entfernen Sie die Fangarme vom Kopf.

2 Hacken Sie den Knoblauch und die Petersilie. Schneiden Sie die Frühlingszwiebeln in dünne Ringe.

3 Erhitzen Sie das Öl in einer Pfanne und braten Sie darin den Knoblauch an.

4 Fügen Sie den Tintenfisch und die Petersilie hinzu und lassen Sie es eine Minute lang braten.

5 Löschen Sie mit dem Wasser, Weißwein und Essig ab. Würzen Sie mit Salz und Zucker. Guten Appetit!

KNOBLAUCH-MEERESFRÜCHTE

4 Port.

30 Min.

Leicht

Zutaten

500 g TK-Meeresfrüchte
6 Knoblauchzehen
1 Paprika
2 EL Petersilie
2 EL Schnittlauch
etwas Olivenöl
Salz, Pfeffer

Nährwerte p. P.

170 kcal
14 g Kohlenhydrate
1 g Fett
24 g Eiweiß

1 Heizen Sie den Backofen auf 160 °C Ober-/Unterhitze vor.

2 Schneiden Sie die Paprika in Würfel, den Schnittlauch in Ringe und hacken Sie den Knoblauch und die Petersilie.

3 Füllen Sie die Meeresfrüchte, die Paprika, den Knoblauch, den Schnittlauch und die Petersilie in eine große Auflaufform.

4 Schütten Sie etwas Olivenöl hinzu und würzen Sie mit Salz und Pfeffer. Rühren Sie es um und geben Sie es für ca. 15 Minuten in den Ofen. Guten Appetit!

ZANDERFILET MIT BROKKOLI

4 Port.

25 Min.

Leicht

Zutaten

250 g Brokkoli
4 Zanderfilets
3 Knoblauchzehen
½ Zitrone
2 EL Butter
Salz, Pfeffer

Nährwerte p. P.

212 kcal
4 g Kohlenhydrate
6 g Fett
36 g Eiweiß

1 Bringen Sie in einem mittelgroßen Topf Wasser zum Kochen. Geben Sie den Brokkoli und eine Prise Salz in das Wasser und lassen Sie ihn ca. 5 - 10 Minuten kochen.

2 Würzen Sie das Zanderfilet von beiden Seiten mit Salz, Pfeffer und dem Saft der Zitrone. Erhitzen Sie die Butter in einer großen Pfanne.

3 Schneiden Sie den Knoblauch in dünne Scheiben und braten Sie diesen in der Pfanne an. Geben Sie das Zanderfilet ebenfalls in die Pfanne. Braten Sie es von jeder Seite ca. 3 - 4 Minuten an.

4 Servieren Sie den Fisch gemeinsam mit dem Brokkoli. Guten Appetit!

LACHSFILET AUF ANANAS

4 Port. 35 Min. Mittel

Zutaten

200 g Butter
8 Knoblauchzehen
4 Lachsfilets
1 Ananas
4 EL Zitronensaft
4 EL Honig
Salz, Pfeffer, Petersilie

Nährwerte p. P.

790 kcal
36 g Kohlenhydrate
58 g Fett
31 g Eiweiß

1 Heizen Sie den Backofen auf 200 °C Ober-/Unterhitze vor.

2 Lassen Sie die Butter in einer Pfanne schmelzen. Rühren Sie den Zitronensaft, etwas Petersilie, den gepressten Knoblauch und den Honig unter. Warten Sie, bis sich die Zutaten miteinander vermischt haben.

3 Schälen Sie die Ananas und schneiden Sie diese in Scheiben.

4 Schneiden Sie vier große Stücke Alufolie ab. Formen Sie die Folie zu vier gleich großen Booten. Die Förmchen sollten groß genug für die Lachsfilets sein und zudem sollten sie noch verschließbar sein. Legen Sie die Boote als Erstes mit der Ananas aus und streuen Sie etwas Pfeffer darüber. Platzieren Sie die Lachsfilets auf der Ananas und schütten Sie die Marinade darüber. Würzen Sie zusätzlich mit Salz, Pfeffer und etwas Petersilie.

5 Schließen Sie die Alufolie-Boote und lassen Sie diese für ca. zwölf Minuten im Backofen. Guten Appetit!

Vegetarische Gerichte

QUINOA MIT KNOBLAUCHCHAMPIGNONS

 4 Port.
 35 Min.
 Leicht

Zutaten

600 g Champignons
500 ml Wasser
200 g Quinoa
4 Knoblauchzehen
8 EL Parmesan (gerieben)
2 EL Olivenöl
2 TL Thymian (getrocknet)
Salz, Pfeffer

Nährwerte p. P.

332 kcal
36 g Kohlenhydrate
13 g Fett
14 g Eiweiß

1 Bringen Sie in einem mittelgroßen Topf das Wasser zum Kochen. Fügen Sie die Quinoa hinzu und lassen Sie diese bei mittlerer Hitze so lange köcheln, bis das gesamte Wasser eingezogen ist.

2 Waschen Sie die Champignons und schneiden Sie diese in dünne Scheiben. Pressen Sie den Knoblauch.

3 Erhitzen Sie das Olivenöl in einer großen Pfanne und braten Sie darin unter regelmäßigem Umrühren den Knoblauch, die Champignons und den Thymian an.

4 Geben Sie die Quinoa ebenfalls in die Pfanne und vermengen Sie alles gut miteinander.

5 Rühren Sie den Parmesan unter und schmecken Sie mit Salz und Pfeffer ab. Guten Appetit!

ZUCCHINI-KNOBLAUCH-TALER

8 Stk.

40 Min.

Mittel

Zutaten

200 g Mozzarella, gerieben
4 Knoblauchzehen
2 Zucchini
2 Eier
8 EL Semmelbrösel (+etwas mehr)
Salz, Pfeffer

Nährwerte p. P.

129 kcal
9 g Kohlenhydrate
7 g Fett
8 g Eiweiß

1 Reiben Sie die Zucchini klein. Trocknen Sie die Zucchini mit Küchenrolle ab. Geben Sie die Zucchini in eine Schüssel und würzen Sie diese mit Salz und Pfeffer. Stellen Sie die Zucchini beiseite und warten Sie ca. 20 Minuten.

2 Schütten Sie die Zucchini auf ein Stück Küchenrolle und pressen Sie die restliche Flüssigkeit heraus.

3 Pressen Sie den Knoblauch in eine große Schüssel und geben Sie die Eier, den Mozzarella, die Zucchini und die Semmelbrösel hinzu. Vermischen Sie alles gut miteinander.

4 Formen Sie die angemischte Masse zu Talern und wenden Sie diese in Semmelbrösel.

5 Erhitzen Sie etwas Öl in einer großen Pfanne und braten Sie die Taler darin an, bis sie von beiden Seiten goldbraun sind. Guten Appetit!

PARMESAN-KNOBLAUCH-SCHUPFNUDELN

4 Port.

20 Min.

Leicht

Zutaten

500 g Schupfnudeln
250 ml Milch
200 ml Sahne
50 g Parmesan
30 g Butter
4 Knoblauchzehen
Salz, Pfeffer, Petersilie

Nährwerte p. P.

466 kcal
44 g Kohlenhydrate
26 g Fett
12 g Eiweiß

1 Erhitzen Sie die Butter in einer großen Pfanne. Fügen Sie die Schupfnudeln hinzu und braten Sie diese ca. vier Minuten lang. Nehmen Sie die Schupfnudeln heraus.

2 Pressen Sie den Knoblauch in die Pfanne und braten Sie diesen zwei Minuten lang an. Löschen Sie mit der Milch und Sahne ab. Lassen Sie es kurz aufkochen. Rühren Sie den Parmesan unter und würzen Sie mit etwas Salz und Pfeffer.

3 Sobald die Sauce anfängt einzudicken, geben Sie die Schupfnudeln wieder in die Pfanne. Noch einmal kurz aufkochen und mit Gewürzen abschmecken. Guten Appetit!

SÜẞKARTOFFELN AUS DEM OFEN

4 Port.

50 Min.

Mittel

Zutaten

4 Knoblauchzehen
2 Süßkartoffeln
4 EL Parmesan
2 EL Butter
1 EL Olivenöl
etwas Thymian (frisch)
Salz, Pfeffer, italienische Kräuter

Nährwerte p. P.

212 kcal
26 g Kohlenhydrate
9 g Fett
4 g Eiweiß

1 Heizen Sie den Backofen auf 200 °C Ober-/Unterhitze vor.

2 Schälen Sie die Süßkartoffeln und schneiden Sie diese in dünne Scheiben.

3 Schmelzen Sie die Butter in einer kleinen Pfanne oder in der Mikrowelle.

4 Geben Sie die Süßkartoffeln in eine große Schüssel. Fügen Sie den gepressten Knoblauch, die geschmolzene Butter, das Öl, den Parmesan und die Gewürze hinzu. Rühren Sie so lange um, bis die Süßkartoffeln mit der Marinade bedeckt sind.

5 Fetten Sie eine Auflaufform mit etwas Butter ein. Stapeln Sie die Süßkartoffeln nebeneinander und bei Bedarf auch übereinander.

6 Streuen Sie etwas Parmesan und den gehackten Thymian über die Süßkartoffeln.

7 Lassen Sie die Auflaufform ca. 30 – 35 Minuten im Ofen. Guten Appetit!

BROKKOLI-KNOBLAUCH-NUDELN

4 Port.

30 Min.

Mittel

Zutaten

500 g Nudeln
250 g Brokkoli
120 ml Weißwein
100 g Parmesan
8 Knoblauchzehen
1 Zitrone
4 EL Butter
2 EL Olivenöl
½ TL Chiliflocken
Salz, Pfeffer

Nährwerte p. P.

637 kcal
69 g Kohlenhydrate
25 g Fett
25 g Eiweiß

1 Bringen Sie in einem großen Topf Wasser zum Kochen und kochen Sie die Nudeln nach den Anweisungen auf der Verpackung.

2 Geben Sie 2 EL Butter, das Olivenöl und die Chiliflocken in eine große Pfanne. Sobald die Butter geschmolzen ist, geben Sie den zerkleinerten Brokkoli, den gehackten Knoblauch und etwas Salz hinzu.

3 Löschen Sie mit dem Weißwein und dem Saft der Zitrone ab und lassen Sie es für ca. drei Minuten köcheln.

4 Fügen Sie die Nudeln, den Parmesan und die restliche Butter hinzu. Vermischen Sie alles gründlich und schmecken Sie mit Salz und Pfeffer ab. Guten Appetit!

KÄSIGE GNOCCHI

4 Port.

25 Min.

Leicht

Zutaten

600 g Gnocchi
60 g Parmesan
5 Knoblauchzehen
3 EL Butter
½ TL Chiliflocken
etwas Basilikum
etwas Petersilie
Salz, Pfeffer

Nährwerte p. P.

364 kcal
51 g Kohlenhydrate
12 g Fett
10 g Eiweiß

1 Geben Sie die Butter in eine große Pfanne und lassen Sie sie schmelzen.

2 Pressen Sie den Knoblauch hinein und fügen Sie die Chiliflocken hinzu. Sobald der Knoblauch glasig ist, nehmen Sie ihn aus der Pfanne und stellen ihn beiseite.

3 Geben Sie die Gnocchi in die Pfanne aus Schritt 2. Braten Sie die Gnocchi ca. fünf Minuten an.

4 Fügen Sie den Knoblauch und den Parmesan hinzu. Vermischen Sie alles und würzen Sie mit Salz, Pfeffer, Basilikum und der Petersilie. Guten Appetit!

GEBRATENER REIS

4 Port.

30 Min.

Leicht

Zutaten

300 g Reis
80 g Edamame
50 g Champignons
5 Knoblauchzehen
2 Möhren
1 EL Öl
1 EL Tamari

Nährwerte p. P.

253 kcal
48 g Kohlenhydrate
3 g Fett
7 g Eiweiß

1 Bereiten Sie den Reis nach den Anweisungen auf der Verpackung zu. Erhitzen Sie in einer großen Pfanne oder einem Wok das Öl.

2 Pressen Sie den Knoblauch in die Pfanne und braten Sie diesen ca. eine Minute bei mittlerer Hitze an. Hacken Sie die Möhre und schneiden Sie die Pilze in Scheiben. Geben Sie beides in die Pfanne und braten Sie das Gemüse ebenfalls an.

3 Geben Sie die Edamame sowie Salz und Pfeffer hinzu. Weitere zwei Minuten braten. Rühren Sie Tamari und den gekochten Reis unter. Lassen Sie es kurz anbraten.

4 Schmecken Sie erneut mit Salz und Pfeffer ab. Guten Appetit!

Vegane Gerichte

KNOBLAUCH-SPAGHETTI

 4 Port.  30 Min.  Leicht

Zutaten

500 g Spaghetti
250 g Champignons
10 Knoblauchzehen
4 Frühlingszwiebeln
2 Zwiebeln
Salz, Harissa

Nährwerte p. P.

503 kcal
99 g Kohlenhydrate
2 g Fett
19 g Eiweiß

1 Kochen Sie die Spaghetti nach den Anweisungen auf der Verpackung.

2 Hacken Sie die Zwiebeln und den Knoblauch klein. Schneiden Sie die Champignons in Scheiben und die Frühlingszwiebel in dünne Ringe.

3 Erhitzen Sie Olivenöl in einer großen Pfanne. Braten Sie als Erstes die Zwiebeln und die Champignons an. Fügen Sie nach ca. vier Minuten die Frühlingszwiebeln und den Knoblauch hinzu. Rühren Sie nach ca. zwei Minuten die Spaghetti unter. Lassen Sie es kurz anbraten.

4 Schmecken Sie mit Salz und Harissa ab. Guten Appetit!

BOHNEN MIT FENCHEL

4 Port.

40 Min.

Mittel

Zutaten

800 g weiße Bohnen (gekocht)
8 Stängel Dill
5 Knoblauchzehen
4 Fenchelknollen
1 Zitrone
4 EL Olivenöl
Salz, Pfeffer

Nährwerte p. P.

632 kcal
88 g Kohlenhydrate
16 g Fett
23 g Eiweiß

1 Erhitzen Sie Wasser in einem mittelgroßen Topf.

2 Waschen Sie die Fenchelknollen gründlich ab. Halbieren Sie die Knollen und geben Sie diese in das Wasser. Lassen Sie sie 10 - 20 Minuten kochen. Je kleiner die Knolle, desto kürzer die Garzeit.

3 Pressen Sie die Zitrone und den Knoblauch in eine Schüssel. Hacken Sie den Dill und geben Sie diesen hinzu.

4 Erhitzen Sie in einer großen Pfanne 2 EL Öl und braten Sie darin den Fenchel an. Würzen Sie mit Salz und Pfeffer.

5 Braten Sie den Knoblauch-Zitronen-Dill-Mischung in einer anderen Pfanne an. Fügen Sie die Bohnen, den Zitronensaft und den Dill hinzu. Schmecken Sie mit Zitronensaft, Salz und Pfeffer ab.

6 Servieren Sie den Fenchel gemeinsam mit den Knoblauch-Bohnen. Guten Appetit!

KNOBLAUCH-CHAMPIGNONS

4 Port.

30 Min.

Leicht

Zutaten

900 g Champignons (kleine)
5 Knoblauchzehen
10 EL Olivenöl
8 EL Petersilie (gehackt)
½ EL Zitronensaft
Salz, Pfeffer

Nährwerte p. P.

377 kcal
5 g Kohlenhydrate
35 g Fett
7 g Eiweiß

1 Putzen Sie die Champignons gründlich ab.

2 Erhitzen Sie das Öl in einer großen Pfanne. Pressen Sie den Knoblauch in die Pfanne und braten Sie diesen ca. eine Minute lang an.

3 Fügen Sie die Champignons hinzu. Rühren Sie so lange, bis die Champignons mit dem Öl bedeckt sind. Lassen Sie die Champignons so lange braten, bis sie eingefallen sind.

4 Sobald der Saft aus den Champignons verdampft ist, geben Sie den Zitronensaft und die Petersilie hinzu. Würzen Sie mit Salz und Pfeffer. Guten Appetit!

KNOBLAUCH-REIS MIT KRÄUTERN

4 Port.

35 Min.

Leicht

Zutaten

360 ml Wasser
240 g Basmatireis
4 Knoblauchzehen
4 Zweige Thymian
3 Zweige Oregano
½ Bund Basilikum
2 EL Olivenöl
Salz, Pfeffer

Nährwerte p. P.

297 kcal
50 g Kohlenhydrate
8 g Fett
5 g Eiweiß

1 Geben Sie den Reis in einen Topf und waschen Sie diesen gründlich mit Wasser ab. Schütten Sie das Wasser hinzu und geben Sie nach Belieben Salz hinzu. Stellen Sie den Topf auf den Herd und bringen Sie das Wasser zum Kochen. Kochen Sie den Reis ca. eine Minute bei hoher Hitze.

2 Lassen Sie den Reis mit aufgesetztem Deckel ca. 15 Minuten bei mittlerer Hitze köcheln. Der Reis sollte das gesamte Wasser aufgesogen haben.

3 Waschen Sie die Kräuter und hacken Sie diese klein. Schneiden Sie den Knoblauch in dünne Scheiben.

4 Erhitzen Sie das Olivenöl in einer großen Pfanne. Braten Sie darin den Knoblauch an.

5 Fügen Sie den Reis und die Kräuter hinzu und vermengen Sie alles gründlich. Schmecken Sie mit Salz und Pfeffer ab. Guten Appetit!

MARINIERTER TOFU MIT BROKKOLI UND REIS

4 Port.

40 Min.

Mittel

Zutaten

300 g Brokkoli
200 g Reis
250 g Tofu (schnittfest)
4 Knoblauchzehen
2 EL Agavendicksaft
1 ½ EL Maisstärke
1 EL Olivenöl
1 EL Sojasauce
1 TL Reisweinessig
Salz, Pfeffer

Nährwerte p. P.

260 kcal
26 g Kohlenhydrate
13 g Fett
10 g Eiweiß

1 Heizen Sie den Backofen auf 200 °C Ober-/Unterhitze vor.

2 Legen Sie den Tofublock in etwas Küchenrolle und pressen Sie leicht, sodass Wasser entweichen kann. Schneiden Sie den Tofu in kleine Würfel.

3 Vermengen Sie in einer mittelgroßen Schüssel das Olivenöl, Salz, Pfeffer und 1 EL Maisstärke. Geben Sie den Tofu hinzu und vermengen Sie es gründlich. Legen Sie den Tofu auf ein mit Backpapier ausgelegtes Backblech und geben Sie den Tofu für ca. 20 Minuten in den Ofen. Wenden Sie den Tofu nach zehn Minuten.

4 Kochen Sie den Reis nach den Anweisungen auf der Verpackung.

5 Bringen Sie in einem mittelgroßen Topf Wasser zum Kochen. Fügen Sie Salz hinzu und kochen Sie den zerkleinerten Brokkoli ca. 4 - 6 Minuten.

6 Vermischen Sie die restliche Maisstärke mit etwas Wasser. Rühren Sie den Reisweinessig, die Sojasauce, den Agavendicksaft und etwas Salz und Pfeffer unter. Erhitzen Sie die Sauce ca. eine Minute in einem kleinen Topf oder einer Pfanne.

Füllen Sie den Tofu zurück in die Schüssel und schütten Sie die Sauce aus Schritt 6 darüber. Servieren Sie den Tofu gemeinsam mit dem Brokkoli und Reis. Guten Appetit!

KICHERERBSEN-BROKKOLI-PFANNE

4 Port. 30 Min. Leicht

Zutaten

400 g Kichererbsen
350 g Brokkoli
120 ml Wasser
80 ml Gemüsebrühe
5 Knoblauchzehen
1 Zwiebel
3 EL Sojasauce
2 EL Reisweinessig
2 EL Ahornsirup
1 EL Speisestärke
1 EL Ingwer
1 EL Olivenöl
Salz, Pfeffer, Zwiebelpulver, Paprikapulver, Chilipulver

Nährwerte p. P.

209 kcal
29 g Kohlenhydrate
5 g Fett
9 g Eiweiß

1 Erhitzen Sie in einer großen Pfanne etwas Olivenöl.

2 Schneiden Sie die Zwiebel in Würfel und hacken Sie den Ingwer und Knoblauch klein. Braten Sie alles ein paar Minuten lang an.

3 Fügen Sie den zerkleinerten Brokkoli und die Gemüsebrühe hinzu und lassen Sie es ca. zehn Minuten lang köcheln.

4 Vermischen Sie in einer Schüssel die Sojasauce, den Ahornsirup, die Speisestärke und den Reisweinessig.

5 Geben Sie die angerührte Sauce und die Kichererbsen hinzu. Lassen Sie es kurz aufkochen.

6 Schmecken Sie mit den Gewürzen ab. Guten Appetit!

Internationale Gerichte

CALABACIN AL AJILLO –
KNOBLAUCH-ZUCCHINI

4 Port.

25 Min.

Mittel

Zutaten

15 g Petersilie
6 Knoblauchzehen
2 Zucchini
3 EL Olivenöl
Salz, Pfeffer

Nährwerte p. P.

126 kcal
5 g Kohlenhydrate
11 g Fett
2 g Eiweiß

1 Schneiden Sie die Zucchini in ca. 1,5 cm breite Scheiben. Streuen Sie beidseitig Salz auf die Zucchini und geben Sie diese in ein Sieb. Lassen Sie sie ca. 30 Minuten ruhen.

2 Hacken Sie die Knoblauchzehen und die Petersilie klein. Geben Sie beides in eine Schüssel und würzen Sie mit etwas Salz. Trocknen Sie die Zucchini nach der Zeit mit etwas Küchenrolle ab und würzen Sie die Zucchini anschließend von einer Seite mit Pfeffer.

3 Erhitzen Sie das Olivenöl in einer großen Pfanne. Geben Sie die Zucchini in die Pfanne und braten Sie diese ca. zwei Minuten lang. Wenden Sie die Zucchini und braten Sie diese weitere zwei Minuten. Nehmen Sie die Zucchini anschließend heraus. Geben Sie die Knoblauch-Petersilien-Mischung in die Pfanne und braten Sie diese ca. eine Minute an.

4 Legen Sie die Zucchinischeiben auf einen Teller und streuen Sie die Knoblauch-Petersilien-Mischung darüber. Guten Appetit!

SPAGHETTI AGLIO E OLIO – SPAGHETTI MIT KNOBLAUCH UND ÖL

4 Port.

35 Min.

Mittel

Zutaten

400 g Spaghetti
180 ml Olivenöl
50 g Parmesan (gerieben)
10 g Petersilie
8 Knoblauchzehen
1 Chilischote
1 Zitrone
Salz

Nährwerte p. P.

790 kcal
75 g Kohlenhydrate
45 g Fett
18 g Eiweiß

1 Kochen Sie die Spaghetti nach den Anweisungen auf der Verpackung. Heben Sie 400 ml des Kochwassers auf.

2 Hacken Sie vier Zehen klein und schneiden Sie die anderen vier Zehen in dünne Scheiben. Pressen Sie die Zitrone aus und hacken Sie die Petersilie. Schneiden Sie die Chilischote in dünne Ringe.

3 Erhitzen Sie das Olivenöl in einer großen Pfanne und braten Sie darin die Knoblauchscheiben ca. zwei Minuten lang an. Nehmen Sie den Knoblauch mit einer Kelle heraus und lassen Sie ihn auf Küchenrolle abtropfen.

4 Geben Sie die Chilischote und den gehackten Knoblauch in die Pfanne und braten Sie diese ca. 30 Sekunden lang. Schütten Sie das Nudelwasser hinzu und lassen Sie es zwei Minuten lang köcheln.

5 Rühren Sie die Spaghetti unter. Lassen Sie es köcheln, bis das Wasser verdampft ist.

6 Nehmen Sie die Pfanne vom Herd und rühren Sie die Knoblauchscheiben, den Zitronensaft, die Petersilie und den Parmesan unter. Guten Appetit!

KIMCHI – EINGELEGTER CHINAKOHL

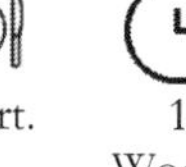

4 Port. | 1 Woche | Schwer

Zutaten

5 g Ingwer
10 Frühlingszwiebeln
4 Knoblauchzehen
2 Möhren
1 Chinakohl
1 weißer Rettich
5 EL Chilipulver
2 %-ige Salzlake (1 EL nicht jodiertes Salz pro Liter Wasser)

Nährwerte p. P.

133 kcal
17 g Kohlenhydrate
3 g Fett
4 g Eiweiß

1 Schneiden Sie den Chinakohl in ca. 2 cm breite Streifen und geben Sie diesen in eine große Schüssel. Füllen Sie die Schüssel mit der Salzlake auf, sodass der gesamte Chinakohl damit bedeckt ist. Kneten Sie den Kohl ca. eine Minute und lassen Sie diesen dann ca. zwei Stunden lang in der Flüssigkeit ziehen.

2 Raspeln Sie den Rettich und die Möhren, schneiden Sie die Frühlingszwiebeln in dünne Ringe und hacken Sie den Ingwer und Knoblauch klein. Vermischen Sie alles zusammen mit dem Chilipulver.

3 Schütten Sie den Kohl ab, aber fangen Sie dabei die Salzlake auf.

4 Geben Sie den Kohl und die Chili-Mischung in eine große Schüssel und vermengen Sie alles gründlich miteinander. Schmecken Sie das Kimchi ab und würzen Sie ggf. mit etwas Salz nach.

5 Füllen Sie das Kimchi in sterile Behälter und füllen Sie diese mit der Salzlake auf, sodass das Gemüse komplett von der Flüssigkeit bedeckt ist. Guten Appetit!

Hinweis: Lassen Sie das Kimchi ca. 3 - 7 Tage bei Zimmertemperatur fermentieren. Bewahren Sie es danach an einem dunklen, kühlen Ort auf. Füllen Sie die Salzlake immer wieder nach, wenn das Gemüse sonst über der Flüssigkeit wäre. Nach ca. 2 - 3 Wochen hat das Kimchi den besten Geschmack. Sie können das Kimchi aber auch schon vorher essen.

SKORDALIA – KARTOFFEL-KNOBLAUCH-DIP

4 Port.

30 Min.

Leicht

Zutaten

425 g Kartoffeln
70 ml Olivenöl
45 ml Weißweinessig
35 g Oliven
20 g Walnüsse
5 g Petersilie
3 Knoblauchzehen
2 TL Salz
1 TL Ahornsirup

Nährwerte p. P.

304 kcal
25 g Kohlenhydrate
21 g Fett
4 g Eiweiß

1 Schälen Sie die Kartoffeln und schneiden Sie diese in kleine Würfel.

2 Bringen Sie in einem großen Topf Wasser zum Kochen und lassen Sie die Kartoffeln darin ca. 15 - 20 Minuten kochen. Die Kartoffeln sollten sehr weich sein.

3 Geben Sie den Knoblauch, die Walnüsse, den Weißweinessig und 2 EL Wasser in einen Mixer und pürieren Sie alles zu einer homogenen Masse.

4 Geben Sie die Knoblauchmischung und die Kartoffeln in eine große Schüssel und stampfen Sie diese mit einem Stampfer klein.

5 Rühren Sie das Olivenöl und den Ahornsirup unter und schmecken Sie mit etwas Salz ab. Schneiden Sie die Oliven in Ringe und hacken Sie die Petersilie. Streuen Sie beides über den Dip. Guten Appetit!

LA BA SUAN –
EINGELEGTER KNOBLAUCH

1 Glas

1 Woche

Leicht

Zutaten

300 ml dunkler Reisweinessig
250 g Knoblauch
3 g brauner Zucker

Nährwerte p. P.

380 kcal
76 g Kohlenhydrate
0 g Fett
16 g Eiweiß

1 Schälen Sie den Knoblauch und schneiden Sie das Ende ab. Füllen Sie den Knoblauch in ein Einmachglas.

2 Geben Sie den Reisweinessig in eine Schüssel und verrühren Sie den braunen Zucker darin.

3 Schütten Sie den Reisweinessig zu dem Knoblauch und verschließen Sie das Glas. Lassen Sie es eine Woche an einem warmen Ort ruhen und bewahren Sie es danach im Kühlschrank auf. Guten Appetit!

SOPA DE AJO –
KNOBLAUCH-BROT-SUPPE

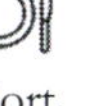

4 Port. 40 Min. Mittel

Zutaten

1,5 l Gemüsebrühe
200 g Baguette
125 g Schinken
6 Knoblauchzehen
4 Eier
4 Stiele Thymian
1 Zwiebel
4 EL Olivenöl
Salz, Pfeffer, Paprikapulver

Nährwerte p. P.

390 kcal
32 g Kohlenhydrate
21 g Fett
17 g Eiweiß

1 Schneiden Sie das Baguette in Scheiben. Hacken Sie den Knoblauch und die Zwiebel. Schneiden Sie den Schinken in Würfel.

2 Erhitzen Sie etwas Öl in einem großen Topf. Braten Sie darin den Schinken, die Zwiebel und den Knoblauch an. Nehmen Sie danach alles heraus. Fügen Sie das Baguette hinzu und rösten Sie dieses ein paar Minuten. Streuen Sie Paprikapulver darüber.

3 Geben Sie den Schinken-Mix wieder hinzu und löschen Sie mit der Brühe ab. Lassen Sie es aufkochen und anschließend ca. 15 Minuten köcheln. Fügen Sie den Thymian und etwas Salz und Pfeffer hinzu.

4 Schlagen Sie die Eier direkt in die Suppe auf und lassen Sie diese ca. drei Minuten köcheln. Schmecken Sie mit den Gewürzen ab. Guten Appetit!

Fingerfood & Snacks

KNOBLAUCH-MÖHREN

 4 Port.

 45 Min.

 Leicht

Zutaten

12 Möhren
5 Knoblauchzehen
12 EL Parmesan
4 EL Petersilie (gehackt)
2 TL Butter
2 TL Olivenöl
Salz

Nährwerte p. P.

185 kcal
14 g Kohlenhydrate
9 g Fett
10 g Eiweiß

1 Heizen Sie den Backofen auf 180 °C Umluft vor.

2 Schälen Sie die Möhren und vierteln Sie diese, sodass jeweils vier lange Streifen entstehen.

3 Erhitzen Sie das Olivenöl und die Butter entweder in einem kleinen Topf oder in der Mikrowelle. Pressen Sie den Knoblauch in die Buttermischung.

4 Geben Sie die Möhren in eine große Schüssel und schütten Sie die Buttermischung hinzu. Vermengen Sie alles gründlich. Verteilen Sie die Möhren auf einem mit Backpapier ausgelegtem Backblech. Würzen Sie mit etwas Salz und geben Sie das Backblech für ca. zehn Minuten in den Ofen.

5 Nehmen Sie das Backblech heraus und streuen Sie den Parmesan und die Petersilie über die Möhren.

6 Geben Sie die das Backblech für weitere 15 Minuten in den Backofen. Guten Appetit!

SCHARFE KNOBLAUCH-SALAMI

12 Port.

15 Min.

Leicht

Zutaten

12 Scheiben Salami (nicht zu dünne Scheiben)
3 Knoblauchzehen
¼ Zwiebel
2 EL Wasser
2 TL Paprikamark
Pfeffer, Chilipulver

Nährwerte p. P.

42 kcal
1 g Kohlenhydrate
3 g Fett
2 g Eiweiß

1 Schneiden Sie den Knoblauch in dünne Scheiben und hacken Sie die Zwiebel in feine Würfel.

2 Erhitzen Sie eine mittelgroße Pfanne und braten Sie darin die Salami beidseitig an.

3 Fügen Sie den Knoblauch und die Zwiebel hinzu. Braten Sie eine weitere Minute an.

4 Geben Sie das Paprikamark, 2 EL Wasser und nach Belieben das Chilipulver hinzu. Lassen Sie es kurz rösten.

5 Braten Sie die Salami weitere vier Minuten an. Guten Appetit!

BROTSTICKS

20 Stk.

3 Std.

Schwer

Zutaten

500 g Mehl
280 ml Wasser
100 g Gouda
100 g Mozzarella
4 Knoblauchzehen
¼ Hefewürfel
6 EL Olivenöl
4 EL Petersilie (gehackt)
2 ½ TL Salz
2 TL Zwiebelpulver
1 TL Knoblauchpulver (granuliert)
1 TL Zucker

Nährwerte p. P.

161 kcal
19 g Kohlenhydrate
7 g Fett
5 g Eiweiß

1 Vermischen Sie das lauwarme Wasser, die Hefe und den Zucker in einer großen Schüssel. Fügen Sie das Mehl, 1 ½ TL Salz und 2 EL Olivenöl hinzu. Kneten Sie die Masse ca. fünf Minuten lang zu einem Teig. Lassen Sie den Teig zugedeckt eine Stunde lang gehen.

2 Fetten Sie ein tiefes Backblech mit etwas Öl ein. Geben Sie den Teig hinein und formen Sie den Teig zu einem Rechteck. Decken Sie den Teig erneut zu und lassen Sie diesen 30 Minuten gehen.

3 Heizen Sie den Backofen auf 230 °C Ober-/Unterhitze vor.

4 Vermengen Sie den gepressten Knoblauch, 4 EL Olivenöl, 1 TL Salz, das Zwiebel- und Knoblauchpulver miteinander. Streuen Sie die Mischung anschließend über den Teig und verteilen Sie die Mischung mit einem Pinsel. Streuen Sie den Käse und die gehackte Petersilie über den Teig und geben Sie das Backblech für ca. 20 - 30 Minuten in den Ofen.

5 Schneiden Sie den Teig in Streifen. Guten Appetit!

BACON-KNOBLAUCH-KNOTEN

15 Stk.

2 Std.

Schwer

Zutaten

200 g Mehl
160 ml Wasser
20 g Parmesan
15 Streifen Bacon
5 Knoblauchzehen
2 ½ EL Butter
1 ½ EL Olivenöl
½ EL Petersilie (gehackt)
1 TL Trockenhefe
1 TL Zucker
½ TL Backpulver
½ TL Salz
½ TL Basilikum (getrocknet)

Nährwerte p. P.

123 kcal
11 g Kohlenhydrate
7 g Fett
4 g Eiweiß

1 Geben Sie das warme Wasser in eine kleine Schüssel. Schütten Sie die Hefe hinein und warten Sie, bis sich die Hefe aufgelöst hat.

2 Vermengen Sie 10 g Parmesan, Zucker, das Backpulver, Mehl, Salz, die Petersilie, Basilikum in einer großen Schüssel miteinander.

3 Schütten Sie 2 EL Olivenöl und die Hefemischung in die große Schüssel. Vermengen Sie alles gut miteinander, bis ein Teig entsteht. Bemehlen Sie die Arbeitsfläche und kneten Sie den Teig darauf ca. fünf Minuten lang.

4 Fetten Sie die große Schüssel mit etwas Öl ein und geben Sie den Teig wieder hinein. Lassen Sie den Teig an einem warmen Ort zugedeckt ca. eine Stunde lang ruhen.

5 Heizen Sie den Backofen auf 220 °C Ober-/Unterhitze vor.

6 Bemehlen Sie die Arbeitsfläche erneut. Legen Sie den Teig darauf und teilen Sie diesen in 15 gleich große Kügelchen. Rollen Sie die einzelnen Kügelchen zu langen Streifen mit einer Länge von ca. 15 cm aus. Legen Sie pro Teigstreifen einen Baconstreifen drauf und knoten Sie den Teig wie bei einem normalen Knoten zusammen.

7 Geben Sie die Knoten auf ein mit Backpapier ausgelegtes Backblech. Lassen Sie die Knoten ca. 20 Minuten im Backofen.

8 Vermischen Sie die flüssige Butter, den gepressten Knoblauch und den restlichen Parmesan in einer kleinen Schüssel. Bepinseln Sie die Knoten mit der Mischung und geben Sie die Knoten erneut für ca. fünf Minuten in den Ofen. Guten Appetit!

BRUSCHETTA

12 Stk. 25 Min. Mittel

Zutaten

150 g Parmesan (gerieben)
5 Tomaten
3 Knoblauchzehen
2 rote Zwiebeln
1 Baguette (siehe Grundrezept)
½ Bund Basilikum
2 EL Olivenöl
etwas Balsamicoessig
Salz, Pfeffer, Oregano, Petersilie

Nährwerte p. P.

110 kcal
8 g Kohlenhydrate
6 g Fett
6 g Eiweiß

1 Schneiden Sie das Baguette in ca. zwölf Scheiben. Vierteln Sie die Tomaten und entfernen Sie die Kerne aus der Mitte. Schneiden Sie die Tomaten in sehr kleine Würfel. Hacken Sie die Knoblauchzehen, die Zwiebeln und das Basilikum klein.

2 Vermischen Sie die Tomaten mit der Zwiebel, dem Knoblauch und dem Basilikum in einer Schüssel und fügen Sie das Olivenöl sowie einen Schuss Balsamicoessig hinzu. Schmecken Sie mit Salz, Pfeffer und den restlichen Kräutern ab. Rühren Sie als Letztes den Parmesan unter.

3 Heizen Sie den Backofen auf 180 °C Ober-/Unterhitze vor.

4 Bestreichen Sie das Baguette von beiden Seiten mit etwas Öl und legen Sie es auf ein Backblech. Geben Sie das Baguette in den Ofen und lassen Sie es so lange darin, bis das Baguette knusprig und etwas gebräunt wird.

5 Schmecken Sie den Belag noch einmal ab und geben Sie den Belag anschließend auf die fertigen Baguettescheiben. Guten Appetit!

KNOBLAUCH-OLIVEN

4 Port.

1 Tag

Leicht

Zutaten

250 g grüne Oliven (entsteint)
3 Knoblauchzehen
5 EL Olivenöl
2 TL Zitronensaft
½ TL Oregano
½ TL Basilikum
½ TL Rosmarin
Salz

Nährwerte p. P.

256 kcal
3 g Kohlenhydrate
26 g Fett
1 g Eiweiß

1 Lassen Sie die Oliven abtropfen.

2 Schneiden Sie den Knoblauch in kleine Würfel und hacken Sie den Rosmarin und das Basilikum klein.

3 Vermischen Sie die Oliven, den Knoblauch, den Zitronensaft, die Kräuter und das Öl in einem verschließbaren Gefäß.

4 Würzen Sie mit ausreichend Salz. Lassen Sie die Oliven am besten ein paar Stunden ziehen. Guten Appetit!

KNOBLAUCH-TOMATEN AUS DEM OFEN

 4 Port.

 1 Std.

 Mittel

Zutaten

8 Tomaten
4 Knoblauchzehen
4 Sardellen
3 Lorbeerblätter
6 EL Olivenöl
2 EL Zitronensaft
1 EL Kapern
2 TL Koriandersamen
etwas brauner Zucker
Salz, Chiliflocken

Nährwerte p. P.

249 kcal
9 g Kohlenhydrate
22 g Fett
4 g Eiweiß

1 Heizen Sie den Backofen auf 180 °C Ober-/Unterhitze vor.

2 Vierteln Sie die Tomaten und legen Sie diese in die Auflaufform. Drücken Sie die Knoblauchzehen mit einem Messer platt und schneiden Sie die Lorbeerblätter in vier Stücke. Lassen Sie die Sardellen abtropfen und hacken Sie diese gemeinsam mit den Kapern klein. Vermischen Sie beides mit den Koriandersamen, etwas Zucker und dem Olivenöl.

3 Rühren Sie den Knoblauch, den Zitronensaft, die Lorbeerblätter, ein paar Chiliflocken und Salz unter. Bedecken Sie die Tomaten mit der angerührten Mischung und rühren Sie noch einmal gut um.

4 Geben Sie die Auflaufform für ca. 40 Minuten in den Ofen. Rühren Sie zwischendurch um. Guten Appetit!

EINGELEGTER KNOBLAUCH IN ÖL

1 Glas

10 Tage

Mittel

Zutaten

200 ml Olivenöl
3 Knollen Knoblauch
2 Wacholderbeeren
1 Lorbeerblatt
2 TL Salz
1 TL Rosmarin
1 TL Thymian
etwas Chilipulver

Nährwerte p. P.

2137 kcal
92 g Kohlenhydrate
186 g Fett
20 g Eiweiß

1 Schälen Sie den Knoblauch und schneiden Sie die Enden ab.

2 Bringen Sie in einem Topf Wasser zum Kochen und rühren Sie das Salz unter. Lassen Sie den Knoblauch darin ca. fünf Minuten lang blanchieren. Schütten Sie den Knoblauch danach in ein Sieb und lassen Sie ihn abtropfen.

3 Geben Sie den Knoblauch in ein Schraubglas.

4 Pressen Sie die Wacholderbeeren mit einem Messer platt. Geben Sie die Beeren und das Lorbeerblatt zu dem Knoblauch.

5 Rühren Sie den Thymian und Rosmarin unter. Fügen Sie ggf. etwas Chilipulver hinzu.

6 Schütten Sie das Olivenöl in das Glas, sodass der Knoblauch komplett damit bedeckt ist. Verschließen Sie das Glas und lassen Sie es ca. zehn Tage an einem dunklen, kalten Ort ziehen. Guten Appetit!

Hinweis: Beachten Sie bei selbst eingelegten Lebensmitteln die Hinweise aus dem Wissenswert-Kapitel.

EINGELEGTER KNOBLAUCH IN HONIG

1 Glas

1 Woche

Leicht

Zutaten

200 ml Honig
150 g Knoblauch

Nährwerte p. P.

814 kcal
193 g Kohlenhydrate
0 g Fett
9 g Eiweiß

1 Schälen Sie den Knoblauch und schneiden Sie die Enden ab. Füllen Sie den Knoblauch in ein verschließbares Glas.

2 Schütten Sie den Honig hinzu, sodass der Knoblauch komplett damit bedeckt ist. Passen Sie die Menge ggf. an.

3 Verschließen Sie das Glas und lagern Sie es mehrere Tage an einem dunklen Ort. Drehen Sie das Glas täglich um. Je länger der Knoblauch zieht, desto intensiver wird der Geschmack. Guten Appetit!

Aufstriche, Dips & Soßen

KNOBLAUCH-BOHNEN-AUFSTRICH

6 Port. 35 Min. Leicht

Zutaten

85 ml Olivenöl
1 Knoblauchknolle
1 Rosmarinzweig
1 Dose weiße Bohnen
½ TL Zitronensaft
Salz, Pfeffer

Nährwerte p. P.

234 kcal
22 g Kohlenhydrate
13 g Fett
5 g Eiweiß

1 Heizen Sie den Backofen auf 180 °C Umluft vor.

2 Lösen Sie alle Zehen aus der Knolle und legen Sie diese mit Schale auf ein mit Backpapier ausgelegtes Backblech. Als Alternative können Sie auch eine Auflaufform verwenden.

3 Bedecken Sie den Knoblauch mit etwas Öl und geben Sie den Knoblauch für 20 – 25 Minuten in den Ofen.

4 Hacken Sie den Rosmarin und vermengen Sie diesen mit dem Olivenöl.

5 Geben Sie die weißen Bohnen in ein Sieb und waschen Sie die Bohnen mit etwas Wasser ab. Drücken Sie den gebackenen Knoblauch aus der Schale. Fügen Sie den Knoblauch, die weißen Bohnen und den Zitronensaft zur Öl-Rosmarin-Mischung. Pürieren Sie die Zutaten sorgfältig.

6 Schmecken Sie den Aufstrich mit etwas Salz und Pfeffer ab. Der Aufstrich ist im Kühlschrank ca. eine Woche haltbar. Guten Appetit!

KNOBLAUCH-TOMATEN-BUTTER

8 Port.

35 Min.

Leicht

Zutaten

200 g Butter
3 Knoblauchzehen
2 EL Tomatenmark
1 ½ EL italienische Kräuter
2 TL Pesto Rosso
etwas Zitronensaft
Salz, Pfeffer, Paprika edelsüß

Nährwerte p. P.

200 kcal
2 g Kohlenhydrate
21 g Fett
0 g Eiweiß

1 Lassen Sie die Butter bei Zimmertemperatur etwas weicher werden.

2 Schneiden Sie den Knoblauch in feine Würfel.

3 Geben Sie die Butter, das Tomatenmark, das Pesto und den Zitronensaft in eine Schüssel und vermengen Sie die Zutaten gründlich miteinander.

4 Fügen Sie nun den Knoblauch, die italienischen Kräuter sowie die anderen Gewürze hinzu und rühren Sie die Masse erneut um.

5 Schmecken Sie die Butter ab und lassen Sie diese vor dem Verzehr noch ca. 25 Minuten im Kühlschrank ziehen, damit sich der Geschmack entfalten kann. Guten Appetit!

ZUCCHINI-KNOBLAUCH-DIP

4 Port.

35 Min.

Mittel

Zutaten

750 g Zucchini
15 g Petersilie
10 g Minze
5 Knoblauchzehen
1 Zwiebel
6 EL Olivenöl
1 EL Zitronensaft
2 TL Salz
½ TL Kreuzkümmel

Nährwerte p. P.

502 kcal
17 g Kohlenhydrate
43 g Fett
9 g Eiweiß

1 Schneiden Sie die Zucchini und die Zwiebel in grobe Würfel.

2 Erhitzen Sie 4 EL Öl in einer großen Pfanne und braten Sie darin die Zwiebel und Zucchini bei niedriger Hitze für 15 Minuten an. Sobald das Gemüse weich ist, ist es fertig.

3 Schälen Sie den Knoblauch und hacken Sie ihn anschließend klein. Geben Sie den Knoblauch, Salz und Kreuzkümmel zum Gemüse in die Pfanne und braten Sie das Gemüse weitere sechs Minuten.

4 Hacken Sie die Minze und die Petersilie. Zerdrücken Sie das Gemüse mit einem Stampfer oder einer Gabel, bis eine homogene Masse entsteht.

5 Rühren Sie den Zitronensaft sowie die gehackten Kräuter unter die Masse. Schmecken Sie mit Salz ab und träufeln Sie das restliche Olivenöl obendrauf. Guten Appetit!

AIOLI

4 Port. 10 Min. Leicht

Zutaten

125 ml Olivenöl
2 Knoblauchzehen
1 Eigelb
1 TL Senf
etwas Zitronensaft
Salz, Zucker, Cayenne-pfeffer

Nährwerte p. P.

566 kcal
3 g Kohlenhydrate
61 g Fett
2 g Eiweiß

1 Vermischen Sie das Eigelb, den Cayennepfeffer und den Senf in einer mittelgroßen Schüssel.

2 Rühren Sie das Olivenöl unter ständigem Rühren unter. Nutzen Sie hierzu am besten einen Rührbesen.

3 Hacken Sie den Knoblauch klein. Rühren Sie diesen ebenfalls unter die Masse.

4 Schmecken Sie die Aioli mit etwas Zucker, dem Zitronensaft und etwas Salz ab. Guten Appetit!

KNOBLAUCH-AUBERGINEN-DIP

4 Port.

1,5 Std.

Schwer

Zutaten

2 Knoblauchzehen
1 Auberginen
½ Zweige Minze
2 ½ EL Olivenöl
1 EL Zitronensaft
Salz, Pfeffer

Nährwerte p. P.

184 kcal
8 g Kohlenhydrate
14 g Fett
3 g Eiweiß

1 Heizen Sie den Backofen auf 200 °C Ober-/Unterhitze vor.

2 Legen Sie ein Backblech mit Alufolie aus. Halbieren Sie die Aubergine und ritzen Sie Schlitze in die Aubergine. Legen Sie die Aubergine auf das Backblech und backen Sie diese für ca. 30 - 40 Minuten. Wenden Sie die Aubergine nach 15 - 20 Minuten.

3 Nehmen Sie die Aubergine aus dem Ofen und lassen Sie diese ca. zehn Minuten abkühlen. Löffeln Sie die Aubergine aus, sodass am Ende nur noch die Schale übrigbleibt. Geben Sie die Aubergine in ein Sieb und lassen Sie sie ca. zehn Minuten lang abtropfen.

4 Waschen Sie die Minze und hacken Sie die Blätter fein.

5 Geben Sie die Aubergine, den Knoblauch, das Öl, den Zitronensaft sowie etwas Salz und Pfeffer in einen Mixer und pürieren Sie die Masse. Alternativ können Sie auch einen Pürierstab verwenden.

6 Heben Sie die Minzblätter unter und schmecken Sie den Dip ggf. nochmals ab.

7 Lassen Sie den Dip vor dem Verzehr ca. 40 Minuten im Kühlschrank ruhen, damit sich der Geschmack entfalten kann. Guten Appetit!

KNOBLAUCH-JOGHURT-DIP

4 Port.

15 Min.

Leicht

Zutaten

150 g Joghurt
150 g Schmand
3 Knoblauchzehen
1 EL Olivenöl
2 TL Honig
2 TL Senf
etwas Zitronensaft
Salz, Pfeffer, Schnittlauch, Petersilie

Nährwerte p. P.

321 kcal
18 g Kohlenhydrate
25 g Fett
7 g Eiweiß

1 Schneiden Sie den Schnittlauch in feine Ringe. Hacken Sie die Petersilie klein.

2 Verrühren Sie den Joghurt, Senf, Schmand, Honig und das Olivenöl in einer Schüssel. Geben Sie einen Spritzer Zitronensaft hinzu. Pressen Sie den Knoblauch in die Schüssel und rühren Sie den Schnittlauch sowie die Petersilie ebenfalls unter.

3 Schmecken Sie den Dip mit Salz und Pfeffer ab.

4 Lassen Sie den Dip vor dem Verzehr ca. eine Stunde im Kühlschrank ziehen. Guten Appetit!

KNOBLAUCH-MAYONNAISE

4 Port.

25 Min.

Leicht

Zutaten

5 Knoblauchzehen
5 EL Mayonnaise
5 EL Schmand
etwas Olivenöl
Salz, Pfeffer

Nährwerte p. P.

191 kcal
4 g Kohlenhydrate
19 g Fett
1 g Eiweiß

1 Heizen Sie den Ofen auf 200 °C Ober-/Unterhitze vor.

2 Beträufeln Sie die Knoblauchzehen mit etwas Olivenöl und geben Sie die Knoblauchzehen für 15 Minuten in den Ofen.

3 Vermengen Sie den Schmand, die Mayonnaise und etwas Olivenöl in einer Schüssel. Würzen Sie mit etwas Salz und Pfeffer.

4 Pressen Sie den gerösteten Knoblauch aus der Schale. Zerdrücken Sie die Zehen mit einer Gabel und mischen Sie die Zehen anschließend unter die Mayonnaise.

5 Noch einmal mit Salz und Pfeffer abschmecken. Guten Appetit!

ZAZIKI

4 Port. 20 Min. Leicht

Zutaten

600 g griechischer Joghurt
3 Knoblauchzehen
1 Gurke
Salz, Pfeffer

Nährwerte p. P.

73 kcal
5 g Kohlenhydrate
0 g Fett
13 g Eiweiß

1 Schneiden oder raspeln Sie die Gurke in sehr feine Streifen. Würzen Sie die Gurke mit etwas Salz und lassen Sie das Salz ca. zehn Minuten ein-wirken.

2 Pressen Sie den Knoblauch. Geben Sie den griechischen Joghurt in eine Schüssel.

3 Legen Sie die Gurken in ein sauberes Geschirrtuch und wringen Sie es aus, sodass die Flüssigkeit aus der Gurke gezogen wird.

4 Rühren Sie den Knoblauch und die Gurke unter den Joghurt. Schmecken Sie mit Salz und Pfeffer ab. Guten Appetit!

KNOBLAUCH-ROTE BETE-AUFSTRICH

4 Port. 40 Min. Mittel

Zutaten

350 g Rote Bete
100 g Frischkäse
40 g Knoblauch
1 Zwiebel
1 EL Öl
Salz

Nährwerte p. P.

302 kcal
25 g Kohlenhydrate
18 g Fett
8 g Eiweiß

1 Schälen Sie die Rote Bete und schneiden Sie diese grob etwas kleiner.

2 Erhitzen Sie reichlich Wasser in einem Topf. Sobald es kocht, geben Sie die Rote Bete hinein und lassen sie für ca. 20 Minuten kochen. Lassen Sie die Rote Bete anschließend etwas abkühlen.

3 Schneiden Sie die Zwiebel in Würfel und pressen Sie den Knoblauch. Erhitzen Sie etwas Öl in einer Pfanne und braten Sie den Knoblauch und die Zwiebel einige Minuten darin an. Lassen Sie beides ebenfalls abkühlen.

4 Reiben Sie die Rote Bete in feine Stücke.

5 Vermengen Sie den Knoblauch, die Zwiebel und die geriebene Rote Bete in einer Schüssel miteinander. Schmecken Sie mit etwas Salz ab. Guten Appetit!

Getränke

KNOBLAUCH-ZITRONEN-WASSER

700 ml

15 Min.

Mittel

Zutaten

600 ml Wasser
10 g Ingwer
15 Knoblauchzehen
3 Zitronen
1 TL Kurkuma

Nährwerte p. P.

57 kcal
11 g Kohlenhydrate
0 g Fett
2 g Eiweiß

1 Spülen Sie die Zitronen mit Wasser ab und vierteln Sie diese. Schälen Sie den Knoblauch und den Ingwer.

2 Geben Sie den Knoblauch, Ingwer und die Zitrone mit etwas Wasser in einen Topf oder einen Mixer und pürieren Sie die Zutaten, bis eine homogene Masse entstanden ist.

3 Füllen Sie das restliche Wasser hinzu und wärmen Sie die Mischung auf. Es sollte allerdings nicht anfangen zu kochen!

4 Rühren Sie zum Schluss das Kurkumapulver unter.

5 Schütten Sie die Mischung beim Umfüllen in eine Flasche durch ein feines Sieb oder ein Passiertuch. Guten Appetit!

HONIG-KNOBLAUCH-TEE

1 Tasse

15 Min.

Leicht

Zutaten

250 ml Wasser
5 g Ingwer
3 Knoblauchzehen
½ Zitrone
2 TL Honig

Nährwerte p. P.

102 kcal
23 g Kohlenhydrate
0 g Fett
2 g Eiweiß

1 Schälen Sie den Knoblauch und drücken Sie diesen mit einem Messer platt.

2 Geben Sie den geschälten Ingwer und den Knoblauch in eine Tasse und füllen Sie diese mit dem kochenden Wasser auf.

3 Rühren Sie den Honig und den Saft der halben Zitrone unter.

4 Lassen Sie die Mischung ca. 5 - 10 Minuten ziehen und entfernen Sie anschließend den Ingwer und Knoblauch. Guten Appetit!

INGWER-KNOBLAUCH-SHOT

2 Port.

5 Min.

Leicht

Zutaten

25 g Ingwer
12 g Kurkuma
2 Knoblauchzehen
1 Orange
1 Zitrone
1 TL Honig
1 TL Leinöl
etwas Pfeffer

Nährwerte p. P.

115 kcal
18 g Kohlenhydrate
4 g Fett
2 g Eiweiß

1 Pressen Sie die Orange und die Zitrone in ein hohes Gefäß.

2 Schneiden Sie den Ingwer und Kurkuma etwas kleiner und schälen Sie den Knoblauch. Fügen Sie die Zutaten hinzu.

3 Fügen Sie eine Prise Pfeffer und den Honig hinzu. Pürieren Sie die Zutaten, bis eine homogene Masse entstanden ist.

4 Rühren Sie am Ende das Leinöl unter. Guten Appetit!

ERKÄLTUNGSSAFT

1 Tasse 5 Min. Leicht

Zutaten

125 ml Wasser
1 Knoblauchzehe
1 EL Honig
1 EL Zitronensaft
etwas Ingwer

Nährwerte p. P.

74 kcal
18 g Kohlenhydrate
0 g Fett
1 g Eiweiß

1 Geben Sie das Wasser in einen Topf und erhitzen Sie dieses.

2 Fügen Sie den Ingwer, den Honig, den Knoblauch und die Zitrone hinzu. Lassen Sie es kurz aufkochen.

3 Nehmen Sie den Topf vom Herd und lassen Sie die Mischung ca. zwei Minuten lang ziehen.

4 Schütten Sie den Tee durch ein Sieb in eine Tasse. Guten Appetit!

ANLEITUNG: ZITRONEN-KNOBLAUCH-KUR

20 Tage

5 Min.

Leicht

Zutaten

500 ml Wasser
5 g Ingwer
15 Knoblauchzehen
2 Zitronen
½ Limette
1 TL Kurkuma
¼ Pfeffer

Nährwerte p. P.

74 kcal
18 g Kohlenhydrate
0 g Fett
1 g Eiweiß

Zubereitung:

1 Waschen Sie die Zitronen mit warmem Wasser ab. Vierteln Sie die Zitronen und halbieren Sie die Limette und geben Sie beides mit der Schale in einen Mixer. Pürieren Sie es gründlich.

2 Schälen Sie den Knoblauch und geben Sie diesen gemeinsam mit dem Ingwer in den Mixer und pürieren Sie erneut. Fügen Sie etwas Wasser hinzu und pürieren Sie es erneut.

3 Geben Sie die pürierte Masse in einen Topf und schütten Sie das Wasser hinzu. Lassen Sie es kurz aufkochen und nehmen Sie den Topf vom Herd.

4 Schütten Sie die Masse durch ein Sieb und fangen Sie die Flüssigkeit auf. Rühren Sie das Kurkumapulver und den Pfeffer unter.

5 Füllen Sie die Flüssigkeit mit Hilfe eines Trichters in eine Glasflasche mit Deckel. Lassen Sie die Flasche geöffnet, bis die Flüssigkeit abgekühlt ist. Verschließen Sie die Flasche und bewahren Sie diese im Kühlschrank auf.

Anwendung:

1 Schütteln Sie die Flasche vor dem Trinken gründlich. Füllen Sie ca. 25 ml der Flüssigkeit in ein kleines Schnapsglas und trinken Sie dieses einmal täglich vor einer Mahlzeit. Hierbei ist egal, ob Sie es morgens, mittags oder abends trinken.

2 Falls Sie den Geschmack zu extrem finden, können Sie die tägliche Portion aufteilen. In diesem Fall nehmen Sie dreimal am Tag 8 ml ein und verdünnen diese ggf. mit etwas Wasser.

3 Der Zeitraum der Kur beträgt 20 Tage. Diese Zeit sollten Sie möglichst nicht überschreiten. Führen Sie diese Kur mindestens 1-mal pro Jahr durch.

4 Lagern Sie den Saft zu jeder Zeit im Kühlschrank, um nicht Gefahr zu laufen, dass der Saft schlecht wird.